서비스,
그만하겠습니다

서비스, 그만하겠습니다

발행일	2019년 2월 15일			
지은이	김경진			
펴낸이	손형국			
펴낸곳	(주)북랩			
편집인	선일영	편집	오경진, 권혁신, 최승헌, 최예은, 김경무	
디자인	이현수, 김민하, 한수희, 김윤주, 허지혜	제작	박기성, 황동현, 구성우, 정성배	
마케팅	김회란, 박진관, 조하라			
출판등록	2004. 12. 1(제2012-000051호)			
주소	서울시 금천구 가산디지털 1로 168, 우림라이온스밸리 B동 B113, 114호			
홈페이지	www.book.co.kr			
전화번호	(02)2026-5777	팩스	(02)2026-5747	

ISBN   979-11-6299-510-5 03320 (종이책)   979-11-6299-511-2 05320 (전자책)

이 도서의 국립중앙도서관 출판예정도서목록(CIP)은 서지정보유통지원시스템 홈페이지(http://seoji.nl.go.kr)와
국가자료공동목록시스템(http://www.nl.go.kr/kolisnet)에서 이용하실 수 있습니다.
(CIP제어번호: CIP2019004124)

매출이 늘지 않을 때 점검해야 할 서비스 전략

서비스, 그만하겠습니다

김경진 지음

고객이 만족할 때까지 퍼 주는
공급자 마인드에서 벗어나

고객에게 딱 필요한 것만 줄줄 아는
서비스 덜어내기의 기술

북랩 book Lab

『서비스, 그만하겠습니다』, 제목부터 좀 당돌하다. 15년째 교육 전문가로 왕성한 강연과 코치로 활동 중인 김경진 서비스 강사가 오랜 기간 현장에서 접했던 '서비스의 본질'들을 알기 쉽고 담백하게 요리해서 세상 밖으로 내어놓았다. 어디서나 쉽게 접하는 '조금 더 주는' 것은 사실 서비스가 아니다. 그냥 '덤'일 뿐이다. 진정한 서비스는 눈에 보이는 것이 아니라, 고객 '만족'을 넘어서 '감동'을 주는 것, 즉 '서비스의 품질'을 의미하며 무형의 '가치'를 전달하는 것이다. 주는 자의 입장이 아니라 받는 자의 입장, 고객의 '원하는 바(Wants)'를 제대로 파악하고 고객의 지출 비용을 초과하는 '가치'를 얼마나 충분하게, 남들보다 효과적으로 충족시키느냐의 문제인 것이다. 소비자 트렌드가 빠르게 변화하고, 선택가능한 대체재들이 넘쳐나고, 고객 유치-유지가 어려워지는 치열한 무한경쟁 시대에 소비자들에게 '선택받고 구매되고 유지되기'가 점점 어려워지고 있다. '어떻게(How to)'보다 '왜, 무엇을(Why, What)'에 중점을 두면서, 고객을 감동시키고, 팬과 충성고객으로 만드는 '관계 우선'의 서비스 공유 가치를 강조하고 방향성을 제시하는 유의미한 책이다. 모든 산업이나 이해관계 속에서 서비스의 개념을 손쉽게 이해하고 접근할 수 있는 이정표로서 많은 이들에게 유익을 주리라 기대한다.

교촌에프앤비 고문(前 국내 대표)

이근갑

고객의 감동은 그냥 흘러가지 않는다

비바람이 몰아치는 늦은 밤, 어느 호텔에 노부부가 방문하였다. 하지만 주말이라 인근 호텔에조차 남아 있는 방은 없었다. 호텔 직원은 난감해하는 노부부에게 자신의 방을 내어 주었다. 노부부는 직원의 따뜻한 배려 덕에 그날 밤 편안한 잠을 잘 수 있었다.

그로부터 2년 후, 그 직원은 한 통의 편지를 받는다. 그 봉투 안에는 뉴욕행 비행기 표가 함께 들어 있었다.

'당신의 친절을 잊지 못해 여기 뉴욕에 호텔을 지어 놓고 당신을 기다리고 있소. 부디 와서 이 호텔의 경영을 맡아 주시오.'

노신사의 이름은 윌리엄 월도프 아스토, 직원은 조지 볼트였다. 조지 볼트는 이 호텔의 첫 번째 지배인이 되었다. 지금의 뉴욕 아스토리아 호텔은 이렇게 해서 세워졌다.

사람은 누구나 호의를 받으면 이에 상응하는 보답을 하려고 한다. 이것을 '보답심리'라고 한다. 조지 볼트를 2년 뒤 부른 노신사의 행동은 여기서 기인한 것이다.

보답은 인간관계에서 중요한 행동 규칙 중 하나로 여겨지기도 한다. 이 규칙을 지키지 않으면 배은망덕한 사람 혹은 은혜도 모르는 사람이라는 꼬리표가 붙는다. 그래서 옛말에 '가는 정이 있어야 오는 정도 있다'라고 한 것이다. 기업이 전략적으로 자주 사용하는 윈-윈(Win-Win) 전략의 베이스도 기브 앤 테이크(Give and Take)다. 받으려면 먼저 주어야 한다는 말이다. 고객도 인간이다. 받은 감동은 절대 그냥 흘러가지 않는다. 이는 내가 살면서, 일하면서 체득한 진리이다.

그렇다면 고객에게 우리는 아낌없이 주는 나무가 되어야 하는 것일까. 이미 서비스 과잉 공급의 시대다. 너도 나도 '고객 감동'을 앞세워 열심히 노력한다. 조금만 고개를 돌려도 우리 회사보다 뭔가를 더 제공하고 있는 경쟁사가 보인다. 그들을 따라잡기에 급급한 지금의 방식이 옳은 걸까.

물론 고객에게 감동을 주는 것은 매우 중요하다. 감동은 각인되어 지속적인 구매나 방문으로 이어지기 때문이다. 하지만 고객은 단순하지 않다. 무엇이든 받았다고 돌려주려 하지는 않는다. 자신이 정말 필요로 하는 것을 받았을 때만 보답심리가 발동한다.

그래서 이제는 퍼 주는 서비스를 멈춰야 할 때다. 지금 필요한 건 진화된 서비스, 많이 하지 않고도 고객이 충분히 받았다고 느끼게 하는 서비스다.

나는 기업의 승패가 여기에 달려 있다고 생각한다. 열심히만 하면 성공한다는 말은 옛말이고 모두가 열심인 지금, 묻지도 따지지도 않고 주기만 하는 서비스는 구식이 되어 버렸기 때문이다. 우리가 하는 일로 고객이 정말 감동하도록 하는 데 노력을 기울여 보자. 노력의 방향을 잘 조절하는 현명함이 필요하다.

아스토리아 호텔의 이야기처럼 무심코 베푼 친절이 상대에게는 감동이 되어 큰 보답으로 돌아오기도 한다. 보답을 바라며 친절을 베푸는 것은 아니다. 이러한 친절은 몸에 밴 습관에서 나타나는 경우가 많다. 하지만 그렇지 않을지라도 고객 중심인 비즈니스에서는 이러한 친절을 만들고 나타내 보여야 할 의무가 있다. 흔히 우리는 고객 하면 '물건을 구매하는 손님'으로만 생각하기 쉬운데, 사실 고객의 사전적 의미는 '나를 포함한 나와 사적 또는 업무적으로 연관된 모든 사람'을 말한다. 그래서 고객의 종류가 외부 손님, 직장 동료, 자신 이렇게 세 가지로 구분 지어지는 것이다. 보통 이런 서비스 교육을 회사 차원에서 직원들에게 진행하는 경우가 많다 보니 고객의 포커스가 외부 손님에 맞춰져 있는 것뿐이다. 따라서 나 자신을 항상 가꾸고 업그레이드시키는 자기계발 활동은 일차적인 고객, 즉 자신에게도 꼭 필요한 노력이라고 볼 수 있다. 결국 당신이 가장 좋은 상품이라는 말이기도 하면서 당신의 성장을 돕게 되는 것이다.

15년째 교육에 종사하고 있다. 오랜 시간 조직에 몸담으며 전사적으로 교육을 기획·운영하며 강의하였다. 이 경험을 토대로 현재는 1인 기업 강사활동을 이어 가고 있다. 각종 기업체, 관공서, 병의원, 학교 등에서 교육을 진행하였다. 시작부터 지금까지 기업의 기본 교육인 CS 교육은 끊이지 않고 진행 중에 있다. 그동안의 교육 내용과 내 삶의 경험을 책에 담았다. 교육 외에도 줄곧 학습하고 병행되었던 마케팅 업무와 부모님의 경영 활동을 보고 자랐던 경험 또한 도움이 되도록 하였다. 스티브 잡스는 애플에 복귀해서 맥(Mac)을 만들 때 보드 기판에 엔지니어들에게 서명을 하라고 했다고 한다. 명품에는 서명이 있다고 하면서 말이다. 책을 쓴다는 것도 이와 같았다. 교육에 종사하고 있어서 마음만 먹으면 쉽고 빠르게 책을 쓸 수 있을 거라 생각했다. 하지만 책을 쓴다는 것은 혼을 담아내는 작업이었다.

그대가 제공하는 서비스가 좋은데 왜 결과는 안 좋은지, 결과를 잘 내는 방법에는 무엇이 있는지 그 방법들을 제시하고 안내하였다.

기업과 자영업을 하는 분들에게는 매출과 수익 증대에 기여할 수 있는 방법을, 서비스맨들에게는 고객 서비스에 대한 새로운 인식과 쉬운 접근법을 안내해 주고자 했다. 무엇보다 나와 같은 길을 가고자 희망하는 이에게 도움이 되길 바란다.

　마지막으로 항상 나를 믿어 주고 응원해 주는 사랑하는 가족들에게 감사의 말을 전한다.

2019년 2월

김경진

좋은 제품이 안 나가는
이유를 분석하라

제품이 좋은데 왜 사질 않을까?

개가 사나우니 술이 썩는도다

춘추시대, 송나라에 술을 만들어 파는 장 씨라는 사람이 있었다. 그는 정직하여 술의 양과 질을 속이지도 않았고, 술 빚는 솜씨까지 훌륭해 그의 술을 먹어 본 자들은 칭찬을 아끼지 않았다. 그뿐만 아니라 손님에게도 매우 친절하여 술맛을 더욱 좋게 만들었다. 장 씨는 자신이 파는 술에 자부심을 가지고 있었다. 그래서 깃발을 높게 달아 사방에서 누구라도 잘 찾아올 수 있도록 하였다. 그럼에도 불구하고 다른 집보다 술이 잘 팔리지 않아 쉬어 버리기 일쑤였다.

장 씨는 이를 이상히 여겨 잘 알고 지내는 양천이라는 노인에게 그 까닭을 물었다. 그 노인은 이렇게 말했다. "당신 집의 개가 너무 사납기 때문이오." 장 씨는 술장사와 개가 무슨 관계가 있는지 이해되지 않았다. 노인은 다시 설명하였다. "사나운 개가 술 마시러 오는 사람들을 보고 짖어대고, 아이들이 술심부름을 왔다가 놀라 달아나는 판인데 누가 감히 이 집에 술을 사러 오겠소?" 양천의 말은 결국 개를 없애라는 것이었다. 『한비자』 제34편, 「외저설우상(外儲說右上)」에 나오는 이야기이다.

개가 사나우니 손님이 안 오고, 그러니 술이 안 팔려 쉬어 버릴 수밖에 없더라는 이야기. 그래서 나온 말이 '개가 사나우니 술이 쉬다'라는 뜻의 '구맹주산(狗猛酒酸)'이다. 『한비자』에 나오는 이 고사는 원래 나라에 간신들이 많으면 충신들이 모이지 않음을 비유적으로 표현한 것이다.

이는 제품이나 상품을 판매하는 현대 기업이나 서비스맨들에게 중요한 시사점을 던져 준다. 제품이 좋은데 왜 사질 않을까? 여기서 우리는 기억해야 한다. 술은 맛있지만 잘 팔리지 않았던 분명한 이유를 장 씨 본인만 모르고 있었다는 것을. 그리고 양천이라는 노인은 술이 잘 팔리는 솔루션까지 일러주었다. 개를 없애라고 말이다.

불쾌함에 사려던 물건도 외면하는 고객

주말이면 어김없이 장을 본다. 오랜 시간 혼자 지내온 터라 남거나 부족한 상황을 미리 예측하고 계산해 볼 수 있다. 이날 장을 어떻게 보느냐에 따라 한 주 식탁이 달라지고 입의 즐거움이 다양해질 수 있기에 장보기 전에 리스트를 적어 본다. 이 말은 내가 상당히 정확하고 꼼꼼한 성격이라는 뜻이기도 하다. 그런데 희한한 것은 내가 장봐 온 결과가 계획과 다른 경우를 종종 경험한다는 것이다.

얼마 전의 일이다. 식후엔 꼭 과일을 먹는 습관이 있어서 제철 과일인 사과도 사고, 밑반찬으로 멸치볶음을 살 생각으로 집을 나섰다. 과일 코너에서 예쁘고 먹음직스러운 모양의 사과를 고르는데 싱싱한 감을 파격 세일한다는 직원의 멘트에 시선이 감으로 돌아갔고 어느새 감을 카트에 담았다.

멸치볶음 종류도 많다. 견과류가 들어간 것, 안 들어간 것, 꽈리고추와 같이 볶은 것 등등 모두 맛있어 보여 하나를 선택하기가 순간 어려웠다. 그래서 무엇이 제일 맛있는지, 무엇이 가장 잘 나가는지 직원에게 물어보고 사고 싶었다. 그런데 직원은 뭔가를 정돈하는 모습만 보일 뿐 내 말에 귀를 기울이지 않는다. 한참이 지나서야 직원은 답을 기다리는 나에게 다가와 '저 지금 다른 일로 바쁜 거 보이잖아요. 그리고 음식 맛은 주관적인데 고객님이 먹고 싶은 거 고르면 되는 것 아닌가요?'라는 식의 눈빛과 제스처를 보인다. 그러더니 "뭘로 드려요?" 하며 내가 한 질문은 무시하고 결론만 묻는다. 순간 내가 상당히 귀찮은 존재로 여겨지는 게 느껴졌다. 기분이 나빴다. 그러곤 나도 "아네요" 하고 그 옆 장아찌 코너로 가 평소 잘 먹는 낙지젓갈을 카트에 담았다.

결국 나는 사과와 멸치볶음을 사러 갔지만 제철과일이기도 하면서 저렴한 가격에 살 수 있는 감과 직원의 불쾌한 태도로 인하여 낙지젓갈을 사왔다. 특별한 경우가 아니고서야 과일이라면 뭐든 잘 먹고, 내가 잘 먹는 한두 가지의 밑반찬이면 되는 고객이었으니 말이다.

한 번의 나쁜 기억, 좋은 물건도 무용지물

"상품만 좋으면 대박이 터질 거야", "남들보다 서비스가 좋으면 우리 가게로 오겠지". 대부분의 상품을 판매하는 분들이 이렇게 생각한다. 참 순진무구한 생각이 아닐 수 없다. 치열한 경쟁 속에서 내가 취급하는 상품이 가장 좋은 줄로 알고 있으나 경쟁자의 상품의 질, 그리고 서비스 또한 절대 떨어지지 않다는 걸 알아야 한다. 좋은 상품은 필수조건이나 충분조건은 아니다. 필수충분조건이 갖추어져야만 경쟁력이 생기는 것이다.

서비스맨이나 영업을 하는 세일즈맨일지라도 제품 설명만 주구장창 할 것이 아니라 이를 뛰어넘을 각오를 하고 나름의 전략을 가진 뒤 고객에게 접근해야 한다는 의미이다.

과거 제약산업의 J회사에서 전사적으로 교육을 기획하고 운영하던 때의 일이다. 여느 때처럼 배송 파트 일정을 알리고 교육을 진행하려는데 누군가로부터 메일 한 통이 왔다. 메일 속에는 어느 배송 직원 차량의 영상과 '이 회사의 제품을 이용하지 맙시다!'

라는 누군가의 페이스북 화면 캡처가 들어 있었다. 불특정 다수가 보고 공유하는 SNS에 버젓이 회사 이름과 로고까지 공개되어 있었다. 수많은 댓글로 많은 사람들이 내가 속한 회사를 욕하고 있었다. 정말 속이 상했다.

하지만 영상을 확인하니 페이스북 주인을 원망할 수도 없었다. 운전 길에 갑자기 회사 배송 차량이 끼어들어 누가 봐도 큰 사고로 이어질 수 있었던 상황의 블랙박스 영상이었다. 영상을 보는 것만으로도 움찔할 정도로 위험해 보였다. 놀란 차량 주인이 빵빵거렸는데 배송 직원도 창밖으로 손을 내밀어 삿대질을 하며 덩달아 화를 내고 있었다. 사과는 못 받을지언정 삿대질을 받았으니 영상물의 주인은 화가 났을 법했다.

교육 직전에 교육 내용을 부랴부랴 바꿨다. 각자가 담당한 구역의 약국에 의약품을 하루 3배송을 해야 하는, 그래서 촌각을 다툴 수밖에 없는 그들의 고충을 누구보다 이해하기에 영상의 상황이 아주 이해가 안 가는 것은 아니었지만 그들을 다독여 주는 교육이 될 수는 없었다. 아무도 모를 것 같지만 회사 로고가 붙여진 차량을 탄 순간 더 이상 개인이 아니라 회사라는 사실을 기억해야 한다고 목소리 높여 교육을 진행하였다. 그리고 무엇보다 자신을 위해 안전운전으로 사고를 예방해야 한다며 위로를 남겼다.

그렇다. 한 번의 실수일지라도, 해당 브랜드에 대한 고객의 마음은 순식간에 긍정에서 부정으로 바뀐다는 것을 기억해야 한다. 그래서 고객 만족의 공식은 100-1=0이 아닌가. 그래서 요즘 기업에서는 고객의 경험까지도 관리하는 시스템을 도입하고 추진하기도 한다. '고객경험관리(CEM, Customer Experience Management)'란 기업 브랜드와 관련한 고객의 총체적인 경험을 관리하는 것이다. 결과로서의 구매뿐만 아니라 구매 과정에서 발생하는 고객의 모든 경험까지 아우르는 개념인 것이다.

제품이 좋은데 왜 사질 않을까? 팔리는 운은 다른 사람에게만 있는 것 같지 않은가? 이 질문에 대한 답은 분명히 뭔가 이유가 있다는 것이다. 당신이 고민하는 지금도 여러 가지 이유와 상황들로 고객의 최종 선택이 상당히 다른 결과를 낳고 있다. 위의 여러 예시처럼 가격 혹은 서비스 혹은 그 무엇 때문에 말이다. 무엇이 원인인지 그 문제점을 찾아 개선해야만 한다.

제품만 좋다고 믿으면 망한다

세계 1위 감기약이 사라진 이유

J회사에서 근무하던 때의 일이다. 교육 부서였지만 조직상 마케팅사업부에 소속되어 있기도 했고 MBA 과정을 마쳤던 터라 관련 교육은 물론 마케팅 업무까지 병행하였다.

겨울이 다가오는 어느 날 구매부에서 업무 협조 요청이 왔다. 잘 팔리지 않는 골칫거리 감기약이 있는데 감기약 판매가 급증하는 이 시점을 이용해 마케팅사업부에서 잘 팔릴 수 있게 도와달라는 것이다. 투자한 예산도 걱정이지만 모든 의약품은 유통기한을 넘기면 폐기하는 일도 쉽지 않아서 이래저래 문제가 많았던 모양이었다.

당시 약사 출신이었던 내 상사는 제품을 보더니 아주 좋은 제품이라는 걸 단숨에 알아차렸다. 세계 판매 1위라는 높은 네임 밸류를 가지고 있는 독일의 P감기약이었는데 성분이나 효능이 정말 좋은 제품이었다. 목 넘김도 좋아서 남녀노소 할 것 없이 누구나 부담스럽지 않게 먹을 수 있는 제품이기도 했다. 매해 겨울이면 꼭 한 번씩 감기에 걸리는 나 역시 P감기약을 먹어 보았는데 정말 좋은 제품임을 직접 경험하기도 했다. 함께 일하는 우리 모두는 알고 있었다. 현재 시중에 나와 있는 어떤 제품보다 훌륭한 제품인 것을. 하지만 여러 부서가 단합하여 노력했음에도 불구하고 결국 G사에서 넘겨받은 P제품의 총판(상품판매 독점권)을 포기하였다.

이번 겨울도 올여름의 더위만큼 춥다는 예보에 P제품 생각이 난다. 지금은 시장에서 사라져 P제품을 상비약으로 두고 먹을 수 없다는 사실이 아쉽기만 하다. 보통 의약품은 국가와 법적인 규제 등의 개입이 큰 제품류여서 이는 곧 판매와 매출에 막대한 영향을 미치는 경우가 많다. 명확한 원인을 알고 있음에도 이를 개선하는 것보다 철수를 하는 것이 솔루션일 수밖에 없는 실패를 경험하게 되었다.

별로인 물건이 잘 팔리는 아이러니

제품은 좋은 게 확실한데 시장에서 사라져 버리는 이 같은 경우를 여러 차례 겪고, 보았다. 분명히 더 좋지 않은 제품이 버젓이 시장에서 잘 팔리는 현상을 보면서 말이다. 팔아야 할 책임이 무거운 영업부는 늘 항의해 왔다. '광고를 해 달라', '보기 좋게 패키지를 바꿔야 한다' 등등. 직접 판매현장을 누비니 문제점도 정확하게 파악했을 것이다. 영업부의 의견은 다 맞는 말이었다. 유명 연예인을 내세워 TV 광고도 하고 패키지 디자인도 예쁘게 바꾸면 판매가 좀 더 잘 이루어질 수 있었다.

하지만 직장생활을 한 사람들이라면 이 상황을 충분히 이해할 것이다. 회사 차원에서 한 번 결정된 사안을 쉽게 바꿀 수 없다는 것을 말이다. 우리나라도 신약을 개발하고 좋은 약들을 카피(제네릭)해서 시장에 내놓고 있지만 이는 전체 제약시장을 두고 보면 극소량이다. 우리가 먹는 약들은 대체로 외국에서 수입하는 경우가 많다. 어쨌거나 외국에서 직접 수입되었거나 타사에서 넘겨받았을지라도 대부분 완제품으로 넘어오는 경우가 많기에 패키지를 변경한다거나 하는 일들이 쉽게 진행될 리는 없었다. 회사가 제품을 넘겨받을 때 이미 현 상태로 영업을 잘 하겠다는 계약이 이루어졌을 수 있고, 어떤 문제점을 개선하려면 막중한 예산을 투자해야 하는 상황이 발생하기 때문에 아무리 영업부가 아우성을 한들 다음 단계로 진행되는 일은 거의 불가능한 경우가 많다. 그러니 회사는 제품은 좋지만 팔리지 않아 골치를 앓았던 것이다.

품질은 기본, 소비자 체감 품질을 높여라

지금은 제품만 좋다고 팔리는 호락호락한 시장이 아니다. 그래서 제품만 좋다고 믿고 있으면 망하는 것이다. 보통 이 경우는 장인정신이 방해가 되는 경우가 많다. 너도 나도 좋은 품질의 제품을 시장에 내놓고 있기 때문에 이는 장점이라기보다 기본이 되는 사항이라는 걸 기억해야 한다.

상품을 봤을 때 '참, 좋다!'라는 즉각적인 느낌, 즉 소비자가 느끼는 품질을 높여야 한다. 소비자의 시선을 사로잡는 디자인도 한몫 한다는 말이 여기서 나오는 것이다.

결국 실적은 제품의 차이가 아니라 소비자가 느끼는 품질 수준, 즉 인식의 차이인 것이다. 그렇다면 어떻게 소비자가 느끼는 품질 수준을 올릴 수 있을까. 해당 제품이나 서비스에 따라 다양한 방법이 있겠지만 몇 가지 사례를 보자.

(1) 캐논

캐논 하면 어떤 제품이 생각나는가? 아마 카메라가 바로 생각날 것이다. 그런데 만약 캐논이 휴대폰을 생산한다면 어떨까? 오래전에 삼성이 카메라 산업을 철수하였다. 왜일까? 삼성 카메라가 질이 안 좋아서? 아니다. 캐논과 니콘, 소니 같은 브랜드보다 소비자의 인식에서 밀렸기 때문이다. 따라서 캐논은 휴대폰이 아니라 더 좋은 카메라를 만들거나 다른 새로운 제품을 만들 때 훨씬 성공요인을 가져올 수 있다.

(2) 위니아

소비자가 느끼는 품질을 높여 성공한 작은 중견회사도 있다. 바로 김치냉장고 시장의 일이다. '만도'라'라는 작은 회사가 시장에 처음 내놓은 위니아 김치냉장고는 그야말로 획기적이었다. 뒤이어 삼성과 LG가 김치냉장고를 내놓았지만 브랜드 인식에서는 밀렸다. 어디 이뿐인가? 쿠쿠전자에서 내놓은 전기압력밥솥은 현재까지도 시장의 70%를 점유하고 있는 압도적인 '강자'다. 규모로는 중소기업이지만 지난해 매출이 4,500억 원을 넘긴 중견기업이다.

이쯤에서 감이 오는가? 소비자가 느끼는 품질의 중요한 키포인트는 '선점'이라는 것을. 소비자 인식에 먼저 들어가야 한다. 먼저 들어가지 못했다면 더 강력히 인식될 수 있도록 그만큼의 노력을 해야 한다. 지금은 삼성이나 LG에서 나오는 김치냉장고가 소비자들에게 잘 팔리는 것처럼 말이다. 잘 팔리는 결과만 보지 말고 어떤 노력을 했는지 벤치마킹해 볼 필요가 있는 것이다.

(3) 초코파이

현재 오리온의 초코파이는 누구나가 인정하는 국민간식이다. 국내뿐 아니라 해외 60여 개국에도 수출하고 있다고 하니 글로벌 파이라고 해도 손색이 없다. 동양제과의 한 연구원이 해외연수 중 호텔에서 우유와 함께 제공된 초콜릿이 코팅된 과자를 보고 영감을 얻어 2년 연구 끝에 1974년에 내놓은 초코파이는 그야말로 대박을 터트렸다. 하지만 성공가도만을 달린 것은 아니었다. 경쟁사들의 유사 제품 출시와 장수 제품에 대한 식상함 등으로 몇 차례 매출하락 위기를 맞았었다. 그런데 모두 기억할 것이다. 초코파이가 어느 날 갑자기 매스컴을 통해 '말하지 않아도 알아요~' 하는 음악과 함께 광고를 시작하면서, 情(정) 콘셉트로 이 글을 읽는 독자에게도 각인됐던 일을. 여하튼 이로 인해 경쟁사와의 차별화를 이끌어냈고 소비자에게 강력한 브랜드 이미지를 심어 주어 오늘과 같은 최고의 자리를 유지하고 있다. 2013년 기준으로 국내에서만 162억 개, 즉 국민 1인당 280개가량을 먹은 셈이라며 당당히 그 위상을 세상에 알리기도 했다. 여기서 우리가 기억해야 할 것은 오리지널 맛을 변질시키려 하지 않았다는 것이다. 경쟁사가 따라올 수 없도록 지속적인 브랜드 경영 활동에 노력을 쏟았고 지금도 노력하고 있다는 것을 기억해야 한다.

(4) 네이버 지식검색

네이버는 현재 인터넷 검색 포털 시장에서 No.1이다. 그렇다면 네이버가 어떤 브랜드 콘셉트를 활용하여 소비자에게 '인터넷 검색이 제일 잘 되는 사이트'로 각인됐는지 기억하는가? 바로 '지식검색'이다. 지식까지 검색해 준다면 일반 검색은 문제도 아니라는 인식이 심어지면서 네이버는 검색엔진 시장을 결국 장악하였다.

(5) 오랄비(Oral-B)

오랄비(Oral-B)는 '대한민국치과협회'가 추천하는 칫솔이란 브랜드 콘셉트를 가지고 소비자들에게 가장 좋은 칫솔이라는 인식을 심어 주었다. 그래서 우리는 치과의사가 쓴다니 정말 좋은 칫솔이 아닌가 하고 생각한다.

(6) 농부가 직접 콩 심고 길러 만든 맷돌 두부

점심을 먹으러 근처 재래시장 안에 있는 국숫집에 갔다. 잔치국수를 주문하고 기다리는 동안 두부가 눈에 띈다. 계산대 옆에 두부를 소분하여 두고 팔고 있었는데 이런 카피를 써 놓았다. '농부가 직접 콩 심고 길러 만든 맷돌 두부'. 보통 '맛있는 두부'라고 써 붙여 놓으면 사 먹고 싶은 사람이 알아서 사 먹을 텐데, 별 먹고 싶은 생각이 없었던 나조차도 한번 먹어 보고 싶더라는 것이다. 결국 나는 국수를 맛있게 다 먹고 나오는 길에 '농부가 직접 콩 심고 길러 만든 맷돌 두부'를 사와 저녁거리로 먹었다. 맛이 특별했을까? 아니다. 재래시장 한쪽에서 즉석으로 만들어 준 맛있는 두부와 별반 다를 게 없었다. 생각해 보면 '된장찌개'보다 '시골된장찌개'가, '삶은 계란'보다는 '가마솥 삶은 계란'이 훨씬 더 맛있을 것 같지 않은가? 이처럼 동일한 제품을 가지고도 어떻게 이야기하고 전달하느냐에 따라 소소한 부분에서도 소비자가 느끼는 품질을 올릴 수 있다는 것을 알 수 있다.

자, 그대가 취급하는 제품이 좋다는 것도 알고 있고, 꼭 제품의 문제 때문에 안 팔리는 것이 아니라는 것도 알았다. 우리 제품에 대해 소비자가 느끼는 품질을 높여 전체 시장에서 선점을 해야 한다는 중요한 사실도 알았다. 선점에 접근하기 쉬운 문제와 답들을 알아보자.

온라인 마케팅에 주목하라

온라인에서 고객의 눈을 사로잡아라

팔리지 않는다고 생산을 갑자기 중단하거나 영업을 멈추기엔 그동안 제품을 기획하고 연구해 온 노력들이 너무도 아깝다. 좋은 제품이 안 팔리는 이유는 단순하다. 소비자가 좋다고 생각하지 않기 때문이다. 그래서 사고 싶지 않은 것이다. 그렇다면 어떻게 해야 할까. **결국 우리는 소비자의 인식 내에서 전쟁을 하고 있다.** 소비자가 우리의 제품이 가장 좋다고 생각하게끔, 그래서 사고 싶게끔 충동을 불러일으켜야 한다. 그래서 마케팅이 필요한 것이다.

마케팅의 성공 요인 중 이런 것이 있다. 타 제품과 비교했을 때

차별적이고 가장 좋다고 느껴야 한다는 것이다. 이는 곧 고객이 인식하는 브랜드 이미지이고 소비자가 느끼는 품질이기도 하다.

고객의 인식에 들어가기 위해서는 가장 먼저 어떻게 해야 할까? 고객에게 노출이 많아야 한다. 우리가 이렇게 예쁜 제품을 잘 만들었다고 지속적으로 보여 주어야 한다. 얼마나 좋은 제품인지를 어필하고 싶다면 고객이 타 제품과 쉽게 비교해볼 수 있도록 해 주어야 한다. 지금은 4차 산업혁명을 바라보는 정보화시대이다. 우리가 경험한 컴퓨터의 출현은 새로운 세상이었다. 4차 산업혁명조차도 IT 기반의 세상이라는 것을 기억해야 한다. 소비자가 궁금해하는 모든 정보를 어디에서 얻고 많이 접하고 있는지를 말이다.

자본이 많아 각종 매스컴을 이용하면 더 좋겠지만 가장 저렴하고 빠르게 우리의 제품과 브랜드를 고객에게 자주 노출시키고 각인시킬 수 있는 것은 바로 인터넷이다. 소비자의 구매행동을 살펴보아도 대부분 온라인 공간에서의 검색이 가장 먼저다. 거의 100%라고 해도 과언이 아니다.

네이버 광고의 위력

설문조사와 통계에 의하면 대한민국의 대다수의 사람들, 즉 약 90%가 네이버를 통해 정보를 검색한다. 이 사실을 그대가 알고 있는 것도 매우 중요하다. 들여다보면 볼수록 엄청난 온라인 시장을 확인하게 될 것이다.

벌써 10년도 넘은 이야기다. 나의 첫 회사는 교육컨설팅 회사였다. 역시 근무 연수가 오래되니 마케팅 업무가 주어졌다. 교육에서 마케팅이라고 별게 있겠는가? 고객이 우리를 알아보고 찾아오게 만들면 되는 것이다. 회사의 매출이 내려가자 문제점을 찾아 개선하자는 회의가 잦아졌다. 당시 온라인 마케팅을 담당하는 아웃소싱 업체가 있었다. 그 담당자에게 회사의 사정을 이야기했다. 그랬더니 우리가 여기 저기 진행하는 광고를 줄여 아낀 비용으로 네이버에 있는 '스폰서링크'를 진행하면 어떻겠냐고 제안했다. 지금은 네이버에서 어떤 정보를 검색하면 '파워링크'라는 상품이 최상단에 보이고 있다. 과거 스폰서링크와 파워링크 상품이 통합되어 운영되고 있는 듯해 보인다. 어쨌거나 당시 스폰서링크는 기업이 희망하는 단어를 입력하여 두면 그 단어를 고객이 검색할 때마다 보여 주고 한 번 클릭 시에 충전된 금액이 차감되는 입찰방식의 광고였다. 단어마다 금액도 달랐다. 계산해 보면 엄청난 금액이었다. 대표를 설득하기란 쉽지 않았다. 하지만 밑져야 본전이라는 생각으로 한 달만 해 보자는 직원들의 의견대로 진행하게 되었다. 놀랍게도 매출이 급속도로 올라가는 것을 경험하였다. 우리는 즉시 다른 모든 광고를 접고 네이버에만 집중하였다. 그리고 업계 1위 인지도를 유지할 수 있었다. 여기 저기에 회사를 알리려고 애쓰지 않아도 되었다. 많은 이들이 이용하는 네이버만 공략해도 고객들이 찾아오는 현상을 직접 보고 경험하게 된 것이다.

선점은 다른 게 아니다. 이렇게 지속적으로 고객의 인식 속에 들어가 꾸준하게 자리 잡고 있다가 선택되어져 계속 판매가 되고 매출이 이루어지면 된다. 이것이 바로 고객이 느끼는 품질이 높다는 의미이기도 하다. 경쟁사가 따라올 수 없도록 이렇게 지속적으로 브랜드 이미지를 높여야 한다.

1인 및 소규모 기업의 성공 비밀: 온라인 마케팅

요즘 글을 쓴다고 시간만 나면 노트북과 책들을 바리바리 싸들고 카페로 출근하듯 드나든다. 감사하게도 종종 나와 시간을 함께해 주는 고마운 친구 M이 있다. M은 한가로워 나와 함께해 주는 것이 아니다. 그녀는 1인 기업가다. 나와 놀아 주면서 더불어 일도 하는 것이다.

그녀는 쥬얼리 관련 회사에서 일하다 몇 해 전부터 1인 기업가로 활동 중이다. 교육에 종사하는 사람들은 프리랜서로 일하는 경우가 종종 있다. 그래서 1인 기업가라는 말이 익숙하다. 하지만 타 업종의 사람들에게도 1인 기업가가 있다는 건 다소 생소하고 신기했다. 1인 기업가 하면 왠지 규모도 매출도 작을 것 같은 느낌이 든다. 그렇지 않은가? 하지만 그녀를 보면 그 생각이 완전 사라질 것이다. 여느 직장인보다 훨씬 높은 연봉 그리고 좋은 차와 집 등을 보유하고 있다. 그녀 혼자서 올리는 매출은 실로 어마어마하다.

그 높은 수익을 올리면서도 경리도 영업사원도 전혀 없다. 아니, 필요가 없다. 가끔 전문적인 일을 건당으로 아웃소싱하는 게 전부다. 전문적인 일이라고 해 봐야 너무 바쁠 때 할 수 없는 디자인 작업 정도이다. 아웃소싱을 해서라도 자신의 시간을 다른 일에 집중하여 매출을 올리는 게 훨씬 이득이 되기 때문이다. 몇 년간 고생한 덕에 지금은 시스템이 잘 돌아간다고 했다. 방대한 업무 영역에 익숙해졌다는 말일 것이다.

그래서 그녀는 나처럼 분주하지 않다. 이렇게 나와 가끔 잘 놀아 주면서 여행도 자주 다니고 외국도 잘 나간다. 내가 왜 이렇게 주구장창 그녀의 이야기를 하느냐 하면, 그녀는 늘 나에게 자신의 성공요인이 온라인이라고 말해 주었기 때문이다. 온라인에서 모든 결재와 서류 등등의 잡다한 업무를 해결하고, 제품 홍보도 열 영업사원 부럽지 않게 해결하고 있다. 도리어 고객이 스스로 찾아오도록 하고 있었다.

1인 기업들도 이렇게 온라인을 통해 마케팅 틈새시장을 공략하여 성공가도를 달리는데 기업은 보통 영업사원에만 목을 매는 경우가 많다. 물론 영업사원은 영업사원대로 기업에게 꼭 필요한 존재다. 내가 말하는 요지는 온라인 틈새시장을 함께 병행하고 공략한다면 더 좋다는 현재 시장을 말하는 것이다.

1인 기업뿐만 아니다. 한두 명의 직원을 두고 소규모의 회사를 운영하던 김모 대표는 네이버 카페를 오픈하면서 기하급수적인 수익과 매출을 올렸다고 고백하였다. 자신이 하는 일과 제품들을 글과 사진으로 카페에 게시만 해 놓으면 알아서 고객이 찾아온다고 귀띔해 주었다. 이를 잘 관리하고 조금만 노력하면 더 많은 수익을 창출할 수 있다며 자신의 귀한 노하우를 설명해 주었다. 온라인 시장을 공략한 후 지금은 더 큰 성공으로 몇 명의 직원을 더 두고 관리를 할 정도로 규모가 확장되었다. 몇몇의 작은 인원으로도 백억대의 매출을 올렸다는 사실은 실로 어마어마한 정보가 아닌가.

마케팅이란 것도 매우 폭이 넓으며, 온라인 시장도 매우 커서 그 방대한 내용을 모두 다룰 수가 없다. 짤막한 이 한 문장에서 나는 온라인 시장에 대한 중요성을 강조하였다. 제발 온라인 시장을 무시하지도 말고, 몰라서 손해 보지도 말기를 바란다.

보통 기업에서 마케팅은 마케터나 마케팅 부서만의 일이라고 치부되는 경우가 많다. 하지만 마케팅의 사전적 의미를 보면 '상품 또는 서비스를 생산자로부터 소비자에게 원활하게 유통하는 데 관련된 모든 체계적 경영활동'을 의미한다. 따라서 마케팅이란 꼭 마케터나 마케팅 부서에서만 열심히 한다고 성공하는 것이 아니다. 조직은 조직대로, 부서는 부서대로, 개인은 개인대로 각자의 업무 영역에서 고객이 느끼는 품질을 높이려는 사고와 노력을 가지고 일할 때 극적인 시너지 효과가 나타난다. 지금 이 마케팅 전쟁 시대의 승자는 틀림없이 이런 마케터의 의식으로 일하는 직원을 많이 보유한 회사일 것이다. 자, 이제 바쁘지만 시간을 내서라도 온라인 시장을 좀 더 들여다보자.

온라인 마케팅의 꽃, 모바일 마케팅

온라인 시장에서도 가장 각광받고 있는 모바일 또한 언급하지 않을 수가 없다. 현재는 스마트폰의 대중화로 누구나 바로바로 인터넷에 접속을 할 수 있다. 차 안에서도, 밥을 먹으면서도, 침대에 누워서도, 길을 걷다가도 말이다. 사실 지금은 PC보다 가장 많은 노출이 되는 매체가 바로 모바일 광고이다. 온라인의 연장선이긴 하나 분명 모바일만의 특장점들이 있으니 이 또한 주목할 만하다. 나 역시 필요하거나 궁금한 제품이 있을 때 컴퓨터 앞으로 달려가지 않는다. 그냥 손에 들고 있던 휴대폰을 이용해 바로 검색한다. 해당 매장 앞에서조차도 휴대폰을 꺼내 제품 후기를 검색한다. 모바일은 순식간에 수많은 정보들을 찾아 제공하고 소비자는 다양한 후기를 보고 매장에 들어선다.

고객을 팔로워로 만드는 SNS 활용 팁

① 호감 표시를 많이 하라
SNS의 공통점은 제공한 콘텐츠에 대한 호감 표시와 공유가 용이하다는 것이다. 호감 표시란 좋아요, 팔로우, 친구 추가, 댓글, 공유, 스크랩 등의 기능들을 말한다. 서로 친구가 된 팔로워들이 내 SNS 콘텐츠에 이같은 호감 표시를 하면 그들의 친구나 팔로워에게도 노출된다. 따라서

내가 노력하면 마치 피라미드 거미줄처럼 기하급수적으로 내 콘텐츠를 노출시켜 홍보 효과를 높일 수 있다. 거저 오는 이 엄청난 데이터를 잘 관리하고 싶지 않은가?

② 시각적 요소로 콘텐츠의 매력을 높여라

내가 제공하는 제품을 글로만 설명하면 딱딱하고 흥미를 유발하기 어렵다. 감성적이면서 호기심도 있을 만한 내용으로 글을 올려야 한다. 정보 전달뿐 아니라 공감을 얻어 공유로 이어져야 하는 SNS 공간임을 기억해야 한다. 사진이나 영상 등을 활용한다면 쉽게 공유를 유도할 수 있다.

③ 게시글은 꾸준하게 올려 살아 있는 느낌을 주어라

업종이나 상품마다 다를 수 있지만 대부분의 전문가들은 SNS 게시글은 1일 1회 정도 올리라고 권장한다. 이 말은 글을 꾸준히 올려 계속 관리되고 있다는 느낌을 주어야 신뢰가 간다는 말이다. 하루에 수십 개 올리면 거부감이 들 수도 있고, 오랫동안 방치해 두면 지금은 활동하지 않는다고 생각하게 된다. 그러니 1일 1회 게시해야 한다는 부담감을 버리고 일정한 간격으로 게시하는 날짜를 관리해야 한다. 글의 개수보다 전달의 유지와 공유를 유도하는 양질의 콘텐츠가 훨씬 중요하다.

④ 점심시간이나 퇴근시간대가 기회다

이는 경험을 통한 개인적인 생각이다. 보통 출근시간대에는 새로운 뉴스들이 올라오고, 저녁시간대에는 관공서나 대기업들도 각종 SNS를 활용하여 홍보 글을 쏟아낸다. 즉, 자신이 올리는 포스팅들이 묻혀 버릴 수 있다는 말이다. 물론 묻히는 게 두려워 안 올리는 것보다 묻히더라도 올리는 게 낫다. 이왕 올리는 것, 수고가 아쉬우니 점심시간이나 퇴근시간대를 추천하는 것이다. 참고로 점심시간이나 퇴근시간은 상당한 직장인이 스마트폰을 보는 시간이기도 하다. 센스 있게 그에 맞는 콘텐츠를 게시한다면 더 효과가 있지 않을까?

⑤ 노출 수를 의도적으로 높여라

SNS 업체들도 돈을 벌기 위해 자신들에게 광고비를 내는 광고주의 게시글을 잘 보이게 노출 수를 높여 주기도 한다. 내가 꾸준한 SNS 관리를 하다 보면 SNS 회사에서도 홍보하라고 제안해 오기도 한다. 어쩌면 적당한 예산으로 SNS를 적극 홍보하여 단시간에 매출을 올리는 것도 좋을 수 있다. 스스로 SNS를 활용한다면 비용은 들지 않지만 어느 정도 꾸준하게 활동을 해야 결과를 얻을 수 있으므로 다소 시간은 걸리기 때문이다.

이 밖에도 SNS 활용 팁들은 많다. 각각의 플랫폼들마다의 팁 또한 다르다. 이를 아는 것도 상당한 경쟁력이 될 것이다. 사실 눈치가 있다면 이쯤에서 다양한 팁들을 검색도 해 보고 전문가에게 자문도 구해 보았을 것이다. 이도 저도 귀찮다면 이러한 정보를 제공해 주고 알려 주는 과정을 통해 알아보는 것도 추천한다. 간단하지만 좀 더 구체적인 팁들은 나의 블로그에서도 확인할 수 있다.

　　지금은 온라인 속 SNS 채널을 이용한 마케팅이 관건이다. 이 시장을 아직까지 무시하고 홍보하지 않고 있다면 당신은 이미 패배자다. 모르면 배워서라도 SNS를 활용해야 한다. 아직도 자리에 앉아 영업사원을 위한 연수계획만 세우고 있는 것은 아닌가? 그들의 사기 진작을 위한 회식에만 의존하고 있지는 않는가? 회식도 연수도 물론 필요하다. 더불어 SNS를 활용하여 제품과 브랜드를 알려라. 그들이 고객을 만나 설득하는 데 더 큰 도움이 될 것이다.

　　세일즈맨들이여, 아직도 판매의 운은 다른 사람에게 더 있다고 생각하는가? 매일같이 거래처 앞에서 고객에게 무슨 말을 먼저 할까 머리 아프도록 고민하는가? 정보를 얻지만 말고 스스로가 SNS를 최대한 활용하여 자신과 제품의 정보를 제공해 보라. 꾸준히 하다 보면 어느새 그대가 제품을 판매하는 성공률이 높아지는 걸 경험하게 될 것이다.

당장 서비스와 제품의 강점을 제대로 알려서 사람과 돈을 그대의 편으로 만들어라.

홍보하지 않으면 이미 진 것이다

소비자가 알아주기를 바라지 말고 먼저 알려라

제품이 좋은데 왜 우리 제품을 소비자는 몰라줄까? 그렇다. 고객은 당신의 제품을 모른다. 만나본 적이 없거니와 당신의 제품이 다른 제품보다 더 좋다는 것 역시 모르고 있다. 일단 알려야 사고팔기가 된다. 고객의 쓴소리나 불평조차도 당신의 제품을 알고 난 후부터 시작되는 것이다. 자본이 없어 홍보를 하지 못한다고 하소연하지 않는가? 비용을 들이지 않고도 제품을 알릴 수 있는 온라인 마케팅을 앞장에서 소개했다. 지금은 온라인 마케팅 시장이 커졌기 때문에 온라인 안에서 제품을 알리지 않으면 이미 진 것이다. 기업도 영업사원에 마케팅을 올인하기엔 한계가 있다. 인맥이나 입소문을 활용하는 것 역시 마찬가지라는 것을 이미 경험하였을 것이다.

온라인 시장 안에서도 현재 많은 사람들에게 가장 각광받고 있고, 제품을 알리기에 가장 좋은 SNS 플랫폼은 바로 블로그, 카페, 인스타그램, 페이스북, 유튜브이다. 언급한 이 플랫폼들도 대표적인 몇 가지를 안내한 것일 뿐 온라인 시장을 더 세부적으로 나누고 타깃 층을 들여다보면 무수히 많은 플랫폼들과 다양성이 존재한다는 것을 알 수 있다.

밀레니얼 세대를 공략한 구찌

밀레니얼 세대(Millennials)를 아는가? 밀레니얼 세대는 1980~2000년대 초반 출생한 세대를 일컫는다. 필자도 밀레니얼 세대이긴 하나 1980년대 직후에 태어났기 때문에 X세대에 가깝다고 볼 수 있다. 아날로그와 디지털시대를 동시에 겪었다. 그래서 기성세대와의 갈등도 밀레니얼 세대와의 갈등도 동시에 겪은 귀한 세대라고 스스로 지칭하며 위로받는다. 디지털 세상을 만들어낸 것은 기성세대이지만 밀레니얼 세대는 어린 시절부터 아예 디지털 세상을 살았다는 것에 주목해야 한다.

온라인 쇼핑 검색 플랫폼인 리스트(LYST)와 구글에 의하면 지난해 가장 많이 검색된 브랜드는 구찌(Gucci)였다고 한다. 명품 하면 왠지 기성세대나 수입이 안정적인 직장인들에게 많이 판매되는 제품 같지 않은가? 그런데 놀랍게도 매출의 절반 이상을 밀레니얼 세대를 통해 올린다고 한다. 이는 구찌가 밀레니얼 세대와 소통하기 위한 다양한 변화를 취하면서 각종 SNS를 겨냥해 브랜드를 잘 어필하였기 때문이다. 그 결과 밀레니얼 세대는 일상생활에서 'That's so Gucci'와 같이 좋다는 표현으로 'Good' 대신 'Gucci'라는 단어를 쓸 정도로 구찌에 열광하게 되었다. 어찌 보면 우리가 바라보는 젊은 층이 기업에겐 최고의 홍보대사가 될 수 있을지도 모른다는 생각이 들기도 한다.

사실 온라인 마케팅이란 소셜미디어에 기업이나 제품을 많이 노출시켜 알리는 데만 집중하는 단순한 활동이 아니다. 진정한 온라인 마케팅은 SNS상의 데이터를 활용하여 목표고객의 니즈를 파악하고 고객이 원하는 제품과 서비스를 또다시 만들어 낼 수 있어야 한다. 그리고 다시 고객이 구매하고 만족할 수 있도록 통합적으로 커뮤니케이션하는 일련의 과정을 의미한다. 그래야 지속성이 이어지는 것이다.

우리 주변을 돌아보자. 그 많던 동네슈퍼가 다 사라지고 그 자리에는 편의점이나 대형마트가 자리 잡고 있다. 정부가 10년 이상 수조 원의 지원을 하고 있는 전통시장의 매출은 절반 이하로 떨어진 지 오래다. 음식점도 시장도 10년 전에 비해 시장 규모가 2배 이상 성장했음에도 불구하고 소상공인 음식점은 수익성 악화로 폐업이 증가하고 있다. 왜 이런 현상이 가속화되고 있을까? 이는 온라인 마케팅 속 데이터를 활용한 지속성 때문이다.

생각해 보면 아이폰이나 페이스북이 등이 등장한 지 10년이 채 되지 않았다. 10년이 지난 뒤 우리가 그리고 그다음 세대가 어떤 환경에서 어떤 것을 경험할지 모를 엄청난 IT 속에 살고 있다. 중요한 것은 이 데이터는 지금보다도 더 우리 생활 속 깊숙이 들어와 더 치열한 온라인 마케팅 싸움이 벌어질 것이라는 점이다. 그러니 항시 **현 시장을 주목하고 이를 통해 미래를 예측할 수 있어야 한다.** 잠시 언급했던 구찌도 이러한 현상을 미리 내다보고 밀레니얼 세대와 전략적으로 소통한 것이다. 밀레니얼 세대가 곧 기성세대가 될 것이고 또다시 제품을 구입하는 고객이 될테니 말이다.

영원한 충성고객이란 없다

고객은 매순간 흔들린다

"투나 쓰리나 다 똑같은 거지. 막말로 넘버원이 다 싹쓸이하는 세상 아니냐?"

1997년 개봉한 영화 〈넘버 3〉에 나오는 한 대사다.

이는 제품 시장을 두고 봐도 딱 맞아떨어지는 승자독식 시대를 대변해 주고 있다. 고객은 더 좋은 꿀과 향기를 찾아다니는 벌과 같다. 그래서 고객이 내게 제품을 한 번 구입했다고 해서 지속적으로 구매할 것이라는 착각을 해서는 안 된다.

내가 고등학생일 때 핸드폰이 등장했다. 삐삐 시절에 등장한 핸드폰은 그야말로 신세계였다. 게다가 핸드폰 진화 속도는 엄청 났다. 투박한 디자인에서 날렵한 폴더형 핸드폰이 나오자마자 너나 할 것 없이 핸드폰을 바꿨다. 그것도 잠시뿐 세련된 디자인과 터치 기능이 등장하자 나는 멀쩡하게 사용하던 핸드폰을 미련 없이 바꿔 버렸다. 대다수의 사람들이 경험해 본 일이다. 늘 최첨단 기능의 핸드폰을 구입하지만 그 만족감이 영원하지 않다. 왜? 조금만 지나면 더 나은 서비스와 성능 좋은 핸드폰이 쏟아져 나오기 때문이다. 지금 핸드폰 시장은 제품이 출시되기도 전에 미리 예약부터 해 놓고 자신이 먼저 구입하려는 사람이 많다.

내 마음이 변하는 이유는 제품의 업그레이드 부분에만 있지 않다. 우리 가족 모두는 SK 통신사를 사용한다. 나도 줄곧 SK 통신사를 써 왔는데 핸드폰 교체 시기만 되면 타사에서 어떻게 알고 연락을 하는지 기타 서비스를 덤으로 준다며 연락을 해 와 몇 차례 타사 요금제와 핸드폰을 사용한 적이 있다. 지금은 어떨까? 가족 모두가 한 기지국의 요금제를 쓰면 이런저런 혜택이 많다고 안내하니 또 다시 SK 통신사를 사용하고 있다. 저렴하고 좋은 핸드폰과 함께 말이다.

이런 갈대와 같은 마음이 어디 핸드폰에만 국한된 것이겠는가. 모든 일, 소소한 것에 우리 모두는 흔들리고 있다. 우리 제품을 앞에 두고 다른 제품과 비교하며 고민하는 고객에게 서운해할 필요가 없는 것이다.

매순간 생존 전쟁을 벌이는 기업들

첫 직장이던 R회사는 주로 병원 교육을 컨설팅했다. 교육이 활성화되어 있다 보니 회사를 든든하게 받쳐 주는 수석 강사진들은 우리에게 대단한 고객이었다. 게다가 수석 강사진 중에는 회사 탄생 시점부터 함께하던 분도 계셨고, 회사가 어려울 때 자신의 일처럼 도와주던 분들도 있었다. 어떤 분은 강사료를 몇 년 후에나 받았다고 하니 회사 입장에서는 정말 고마운 분이 아닐 수 없다. 그래서 회사는 나름대로 수석 강사진들에게 최고 대우를 해 주고 있었다.

그러다 평생교육이 뜨면서 교육에 대한 수요가 많아지자 여기저기 경쟁사도 많아졌다. 이로 인해 회사는 강사 비용에 대한 절감을 단행하였다. 수석 강사들의 불만은 쌓여 갔지만 회사를 운영하려니 어쩔 수 없었다. 결국 수석 강사진들이 회사를 떠나는 일이 벌어졌다. 이런 일을 보고 경험하면서 회사를 경영한다는 것, 고객을 잘 관리한다는 것, 무엇보다 사람을 대하는 태도에 대해서 많은 생각을 하게 되었다. 어쨌거나 한 회사가 치열한 경쟁사회에서 살아남는다는 게 얼마나 어려운 일인지 다시 생각해 보게 되었다.

J회사에서 근무하던 2010년 제약업계는 많은 변화를 겪었다. 그중 리베이트 쌍벌제가 도입되면서 영업부는 한동안 전쟁 아닌 전쟁을 치렀다. 리베이트 쌍벌제란 리베이트로 인한 비용이 약값에 반영되어, 국민이 불공정 리베이트로 인한 사회적 비용을 부

담하게 되는 악순환을 근절시키기 위해 도입된 제도다. 즉, 리베이트를 주는 쪽과 받는 쪽 모두가 동일한 처벌을 받게 된 것이다. 사회적으로나 기업에게도 좋은 제도이긴 하나 당시 영업은 리베이트가 만연한 상태였기 때문에 이 제도에 적응하기까지는 많은 애로사항을 겪었다. 더군다나 업계 1위를 달리는 회사는 가장 먼저 조사를 받고 주목을 받는 통에 제도 도입 즉시 이를 시행하느라 여기저기 피멍이 들었다. 개중에는 영업사원의 이직이나 사퇴가 일어나기도 했다. 이 과도기를 이겨내지 못하고 회사를 평생직장으로 여기던 어느 영업사원과 헤어지는 아픔도 지켜보게 되었다. 오랜 시간 자신의 우량주로 관리되던 거래처가 거래를 중단하면서 그 영업사원의 매출은 반토막이 났던 모양이었다. 영업사원에게 매출이란 매월 받는 월급에도 반영되는 일이니 거래중단이라는 것은 치명적일 수밖에 없었을 것이다. 가야 할 길이 정해진 회사 역시 이러지도 저러지도 못해 마음이 아팠을 것이다. 어쩔 수 없이 헤어지는 것, 서로의 관계가 좋아도 있을 수 있는 일이었다. 다행히도 그때 헤어진 영업사원은 다른 곳에서 아주 잘 지내고 있다는 소식을 들었다. 매사에 열정적인 사람이었으니 그럴 수밖에 없다는 생각을 한다.

고객의 선택은 노력하는 자의 것이다

주로 기업교육 활동을 해 온 터라 성인 혹은 직장인들과 함께

하는 시간이 많다. 때때로 대학생들과의 시간을 갖기도 하는데 이때는 사회인 선배로서 이런저런 질문도 받고 자문을 해 주게 된다. 학생들이다 보니 졸업 후 취업이나 직장생활에 대한 질문 이 많다. 이때 내가 꼭 해 주는 이야기가 있는데 매해 꼭 이력서 를 써 보라는 것이다. 그래서 작년의 이력서와 같다면 문제가 있 다고 일러준다. 기록해 본 이력서의 변화를 통해 얼마나 열심히 노력하며 한 해를 보냈는지 스스로가 객관적인 평가를 해 볼 수 있다고 설명해 준다. 생각해 보면 이는 꼭 학생들에게만 국한되 는 건 아니다. **개인이건 기업이건 끊임없이 진화하지 않으면 늘 새로움에 둘러싸여 있는 고객에게 선택받지 못한다. 변화가 없다 면 유지가 아니다. 주변은 늘 상승하고 있기 때문에 이미 퇴보인 것이다.** 서비스를 끊임없이 진화시켜 고객이 다른 곳으로 날아 가지 못하도록 더 좋은 꿀과 향기를 항상 준비하고 있어야 한다. 내가 취급하는 제품을 고객이 선택하도록 끊임없이 노력해야 하 는 것이다.

흔히 우리는 '고객' 하면 '물건을 구매하는 손님'으로만 생각하 기 쉬운데, 사실 고객의 사전적 의미는 '나를 포함한 나와 사적 또는 업무적으로 연관된 모든 사람'을 말한다. 그래서 고객의 종 류가 외부 손님, 직장 동료, 자신 이렇게 세 가지로 구분 지어지 는 것이다. 보통 이런 서비스 교육을 회사 차원에서 직원들에게 진행하는 경우가 많다 보니 고객의 포커스가 외부 손님에 맞춰 져 있는 것뿐이다. 따라서 나 자신을 항상 가꾸고 업그레이드하는 자기계발 활동은 일차적인 고객, 즉 자신에게도 꼭 필요한 노력이라고 볼 수 있다.

세상에 영원한 것은 없다 하지 않던가. 당신과 내가 그렇듯 우리 모두는 서로 각자의 이익을 위해, 항상 더 좋고 만족스러운 곳으로 떠날 준비가 된 사람들이다. 그러니 영원한 충성고객도 없는 것이다. 제품을 판매하는 기업이나 세일즈맨들이 선택받지 못한 것에 대한 아쉬움과 언제 떠날지 모른다는 불안감으로 하루하루를 보내지 말기 바란다. 고객이 떠나지 못하도록 그대 스스로 우뚝 선다면 그 과정도 즐거울 것이다.

가장 가치 있는 것을 제공하라

쿠키 한 조각이 만들어 낸 가치

언제부턴가 먹방시대가 열리더니 TV만 틀면 요리 전문가들이 등장한다. 그 속에서 혜성처럼 등장한 인물이 있다. 바로 이혜정 요리연구가다. 그녀는 요리 실력뿐 아니라 재치 있는 입담까지 갖추고 있어 강연가로서의 활동도 활발하다. 작년 어느 날 'KBS 창원, 개국75주년 특집 행복특강'에 그녀가 초대되어 특별 강연을 진행했다. 줄곧 집에서 가족을 돌보며 요리만 하던 자신이 이렇게 유명해질 줄 몰랐다며 시집살이 15년 만에 세상 밖으로 나온 그녀의 이야기를 듣게 되었다.

친하게 지내던 옆집 아주머니의 요리를 알려 달라는 우연한 제안으로 그녀의 첫 요리교실이 시작되었다. 옆집 아주머니를 포함한 친구 7명이 그녀의 집으로 초대되어 평소 그녀가 해 먹던 음식 몇 가지를 알려 주게 되었다. 이런 일을 겪어 보지 않았던 터라 누군가에게 무엇인가를 알려 준다는 즐거움과 설렘이 컸다고 한다. 집으로 초대되었으니 커피를 대접하면서 평소 잘 만들어 먹던 쿠키를 함께 내놓았다. 사람들은 집에서 쿠키를 뚝딱 만들어내는 것에 놀라며 다음에 쿠키 수업을 해 달라고 또 요청했단다. 요리만 해 오던 그녀의 레시피는 많았기에 요리교실은 몇 차례고 즐겁게 이어졌다. 이것이 그녀가 유명해진 계기가 됐다.

이혜정 요리연구가는 우연히 요리교실을 시작했지만 이 이야기 속에는 '성공으로 이어질 수밖에 없는 요인들'이 숨어 있다.

첫 번째는 새로운 음식, 쿠키를 서비스로 제공한 것이다. 그녀에게 쿠키는 평소 잘 만들어 먹던 간식이었기 때문에 쉽게 제공할 수 있었던 음식이었다. 하지만 사람들에게는 새로운 간식세계까지도 배우고 싶은 욕구를 불러일으켰다. 그래서 요리교실은 계속 이어질 수 있었던 것이다.

두 번째는 남은 음식을 싸 준 것이다. 그녀에게는 불필요했을 음식이었다. 하지만 사람들은 요리도 배우고 덤으로 얻어간 음식이 되었다. 가족들과도 맛있는 음식을 먹을 수 있으니 계속해서 배우고 싶어졌다. 그뿐만 아니라 이들은 담소 나누기를 좋아하는 연령층이다. 입소문은 또 얼마나 빨랐겠는가.

세 번째는 반대로 그녀가 가치를 제공받은 셈인데, 평범한 가정주부에서 가르쳐주고 알려 주는 입장이 되어 버린 것이다. 요리교실을 통해 '선생님'이라는 호칭과 '똑똑하다'는 칭찬을 받게 된 것이다. 그녀는 당시 가족에게 '아무 생각 없이 사는 사람' 취급을 받아 속상했었다고 고백했다. 하지만 이런 뜻밖의 대접에 자존감도 높아지고 그 품위를 유지하기 위해 노력하고 더 베풀게 되더라는 것이다.

사람들은 가치에 열광한다. 즉, 고객은 그들이 생각하지 못했던 가치를 얻게 되면 감동을 하게 된다. 이혜정 요리교실에서는 바로 이런 가치들이 제공되어졌던 것이다.

사소한 감동으로도 고객은 가치를 느낀다

2010년 J회사에 입사하면서도 질긴 '영업교육'의 인연이 시작될 것이라는 생각을 하지 못했다. 교육이란 전달자의 경험이 묻어난 부가 설명이 있어야 감동을 주고 빠른 이해를 시킬 수 있다는 이론에 비추어 보았을 때 세일즈 현장에 대한 직접 경험이 없었던 나로서는 많은 고민을 해야 했다. 더욱이 회사의 꽃이라 불리는 영업부를 위해 더욱 관심을 두고 새로운 교육방식을 도입해야만 했다. 내가 습득한 이론이나 타 업종의 영업 이야기는 한계가 있었다. 그래서 2012년도에는 그들의 입으로 직접 사례 발표를 하고 서로 공유할 수 있도록 교육을 기획하고 운영하였다. 나 역시 간접적으로나마 영업현장을 경험하면서 많은 감동도 받았고 그들의 고충 또한 더 공감할 수 있었다. 두 직원의 사례가 기억난다.

S사원은 회사가 인정하는 높은 매출을 올리는 직원이었다. 결과에는 원인이 있기 마련인데 그의 영업 방식을 보면 매출이 높을 수밖에 없는 습관들이 많았다. 거래처가 개업을 하거나 이사를 간다고 하면 기억하고 있다가 어떻게든 시간을 내 자신이 할 수 있는 일들을 도왔다. 가격표를 찍어 주거나 짐을 싸고 옮기는 등의 잔일들 말이다. 매일 아침 업무를 위해 기사를 보다가도 거래처에 조금이라도 유익할 것 같으면 무조건 프린트를 해 가지고 다니며 제공해 주었다. 약사회 소식이나 보건소 위치, 약국 운영에 필요한 등록 절차법 등등의 소소한 정보까지도 프린트하여 전달하였다. 프린트가 안 되면 메모라도 해서 방문거리를 만들었다. 그가 늘 하는 행동이었다. 거래처 입장에서는 고맙기도 했겠지만 때로는 쓰레기가 되기도 했을 것이다. 하지만 감동을 주기엔 충분해 보였다.

그는 유난히 자신을 반기지 않았던 거래처를 자신의 편으로 만들게 된 이야기를 해 주었다. 처음엔 방문만 하면 바쁘다며 귀찮아했던 거래처였다. 한번은 바쁜 시간에 방문하게 되어 자신이 할 수 있는 소일거리를 도왔다고 했다. 자신이 조금이라도 필요한 존재라고 느껴져 기분이 좋았다고 했다. 그래서 마음을 얻기 힘든 고객일수록 전략적으로 바쁜 시간을 틈타 방문하기도 한다고 고백했다. 퇴근하고도 생각나면 들러 인사를 했다. 늦은 시간 방문은 측은한 동정심을 불러일으켜 이런저런 이야기를 나

눌 수 있기에 도리어 즐긴다고 했다. 정말 대단하지 않은가? 어느 날 여느 때처럼 인사차 그 거래처에 들렀는데 약사가 고맙다며 저녁을 사 주었단다. 기타 여러 가지 도움을 줘서 고맙다며 인사도 주시고 앞으로도 잘 부탁한다며 봉투까지 주시더라는 것이다. 물론 그는 봉투를 받지 않았다. 평소처럼 거래처 관리를 했을 뿐인데 이렇게까지 마음을 써 주시니 당황스러워 어찌할 바를 몰랐다고 했다. 그러더니 약사는 "그러면 내가 무엇을 도와주면 되겠어요?"라며 물어왔다. 그는 "저는 영업인이기 때문에 다른 건 다 필요 없습니다. 저희 회사를 잘 봐 주시고, 영업사원을 필요로 하는 약국에 저를 소개시켜 주시면 그걸로 감사합니다"라고 했다.

모두가 매출이 저조한 달에도 그는 늘 항상 높은 매출을 유지하였다. 이렇게 강한 인식을 심어 주는 그만의 영업 활동은 거래처뿐만 아니라 여기저기에 소문이 나기 시작했다. 얼마 전에는 중랑구에 위치한 거래처가 이사를 가게 되었다. 그동안 해 드렸던 관리가 맘에 들었는지 약사는 새로 오는 약국 약사에게 그를 무척이나 칭찬을 해 놓았던 모양이었다. 어떻게 무엇을 그리 칭찬해 놓았는지 모르지만 새로 온 약사는 기존 영업사원과의 거래를 끊고 그와 거래를 해 주었다고 한다. 그가 얼마나 고객으로 하여금 신뢰를 받고 있는지는 더 듣지 않아도 알 것 같았다. 그가 제공하는 제품이 다른 영업사원들에 비해서 특별한 것이 아니었다. 수많은 거래처 사이에 그와 거래를 하면 어떤 가치를 얻는지 소문이, 인식이 심어진 것이다.

그해 서울엔 첫눈이 쌓일 만큼 많이도 내렸다. K사원은 내리는 눈을 보다 얼른 핸드폰을 꺼내 들어 카톡과 문자를 이용해 거래처 약사에게 "약사님~ 첫눈이 내립니다~ 창밖을 보세요~"라고 안부를 물었다. 그냥 지나칠 것 같던 분들조차 의외의 반응과 답변을 주어 놀랐다고 한다. 연세가 많았던 어느 약사는 "아이코, 귀여운 것"이라며 답변을 해 와 평소와는 다른 포근함을 느꼈다고 한다. 문자나 카톡을 잘 이용하지 않는 거래처의 어떤 분께는 직접 전화를 걸어 "아~ 약사님~ 눈이 옵니다~" 하고 안부를 건넸더니 "하하하하, 눈 오는 날 남자한테 전화 받기는 처음이네요"라며 웃어 주어 하루 종일 기분이 좋았다고 한다. K사원은 첫눈 덕분에 그동안 접근하기 어려웠던 고객과 가까워지게 된 자신의 이야기를 들려주었다. 그러곤 동료들에게 우리는 고객의 기대를 뛰어넘는 즐거움과 감동을 제공해야 한다고 목소리를 높였다. 그것은 꼭 애써 고생해야만 하는 것은 아니다. 사소한 것부터 챙기는 따뜻한 마음에서도 얼마든지 자신의 가치를 제공할 수 있다고 하였다.

가치를 제대로 제공해라. 그러면 자동으로 고객은 오게 되고 알아서 매출은 오르게 될 것이다. 그대가 판매하려는 제품이 주는 가치는 무엇인가? **내가 왜 그대가 제공하는 제품을 사야 하는가?**

부르는 게 값인 상품의 비밀

　서점에 갔더니 한 책이 흥미로운 제목으로 내 시선을 사로잡는다. 요즘 고민하는 부분과 부합될까 싶어 얼른 훑어보았다. 『나라는 상품을 비싸게 파는 방법』의 저자 나가이 다카히사는 42살이 되어서야 적성에 맞는 마케팅 부서를 만나 승승장구한다. 경쟁이 치열한 레드오션에는 자신보다 뛰어난 사람들이 넘쳐나 승리하기란 어렵다. 그 때문에 한 분야에서 독보적인 위치에 있다면 엄청난 성공을 거둘 수 있다며 자신의 이야기를 담아 놓았다. 유익한 책이었다.

　그렇다. 자신이 내놓은 제품이 시장에서 독보적인 위치에 자리 잡았다면 부르는 게 가격이 될 수 있다. 나가이 다카히사의 말처럼 한 분야에 독보적인 존재가 되려면 남들이 가지 않는 길을 가는 용기도 필요하고 강점을 활용한 노력들도 중요하다. 상품도 마찬가지라는 생각이 들었다. '제품을 비싸게 파는 방법'에는 여러 가지가 있을 수 있겠지만 나는 다음과 같이 정의내리며 공유하고 싶다.

1) No.1이 아니라 Only.1이 되어라

제품에 희소성을 적용시켜 개성과 특별함을 중시하는 요즘 사람들의 마음을 얻는 전략이다. 경제학자 알프레드 마샬(Alfred Marshall)은 가격은 시장의 효용, 즉 수요와 공급으로만 정해진다고 주장하였다. 얼마만큼의 노력을 들였는지는 중요하지 않다. 아무리 비싸도 살 사람은 사게 돼 있고 결국 사는 사람이 가격을 정한다는 것이다.

건성피부 때문에 상당한 시간을 피부 관리에 투자한다. 어지간한 화장품들이 잘 맞지 않아 꼭 테스트를 해 보고 사는 편이다. 하루가 멀다 하고 쏟아지는 화장품들을 몽땅 테스트해 보는 것도 내게는 쉬운 일이 아니어서 이거다 싶은 제품은 미리미리 공수하여 두고 사용한다. 우연히 TV를 보다 내가 쓰는 제품 라인이 더 좋게 '리미티드 에디션(한정판)'으로 나왔다며 광고를 한다. 한정판이니 얼른 사야 할 것 같았다. 기존 가격보다 비쌌지만 한정판이라 그러려니 하고 주문을 하였다. 제품이 오자마자 사용해 보았다. 기대와는 다르게 전혀 달라진 느낌을 받지 못했다. 분명 더 업그레이드되었다고 했는데 변화를 체감하지는 못했다. 기존 사용하는 제품도 아직 많이 남아 있어서 A/S 센터에 문의를 해 보았다. 상담원의 답변에 나는 놀라고 말았다. 기존 제품의 사용자라면 내용물의 변화는 미세해서 그럴 수 있으며 어쨌든 패키지에 많은 변화를 준 것이 새롭지 않냐고 했다. 세상에! 한정판이라는 말에 나는 똑같은 제품을 비싸게 산 꼴이 되어 버린 것이다. 어차피 두고 쓰면 되는 거라 아직까지 열심히 잘 쓰고 있다. 더 재미있는 사실은 이 제품은 광고 즉시 매진되었다는 점이다.

가끔 기업에서는 리미티드 에디션 제품으로 한 시즌을 마무리하거나 판매율을 높이기도 한다. 이는 개성과 특별함을 좋아하는 사람뿐 아니라 나 같은 사람조차도 홀리는 마력을 가졌다. 어쨌거나 Only.1 전략은 분명 제품을 비싸게 파는 방법 중 하나임엔 틀림없다.

2) 객단가를 높여라

불황에도 성황을 이뤄내는 기업들이 있다. 들여다보면 객단가를 높이는 방법으로 성공한 케이스들도 많다. 터무니없는 객단가 상승을 말하는 것이 아니다. 고객에게는 재미와 만족을, 업체에게는 수익을 높일 수 있는 객단가 상승 전략을 말하는 것이다. 가령 메인 제품을 부각시킨다거나 신제품을 출시하는 것 혹은 단체고객을 유치하는 등의 다양한 방법을 총동원해서 객단가를 높이는 전략들이 있을 수 있다.

친구가 퇴근길에 함께 식사를 하자며 연락했다. 그녀는 종종 가는 단골집이라며 나를 고깃집으로 안내했다. 주문하려는데 소고기 주문 고객에게는 2만 3천 원에 판매하는 육사시미를 그냥 제공해 준다고 안내를 한다. 어차피 고기를 먹으러 간 우리였기에 웬일인가 싶어 소고기를 주문했다. 안주가 고급스러운 데다 그냥 먹기 아쉬워 술까지 주문하고 말았다. 평소 우리는 3만 원 선의 브런치 메뉴를 즐겨 먹는다. 하지만 이날은 고기를 먹기로 마음먹은 데다 비싼 안주를 덤으로 먹었다는 만족감에 10만 원이 훌쩍 넘은 가격에도 흡족해하며 다음에 또 올 것을 기약하고 식당을 나왔다.

보통 주류는 판매가 대비 원가가 30~40%에 불과해 고깃집에서 매출 향상과 수익 증대를 동시에 꾀할 수 있는 최상의 제품이다. 만약 싸구려 안주를 주었다면 어땠을까? 주류를 시키지 않았을 것이고 애당초 단골도 되지 않았을 것이다. 서비스로 내는 고기 때문에 원재료 비율이 높아지겠지만 원가 대비 수익이 서비스 안주를 내지 않는 것보다 훨씬 나았던 것이다.

꼭 무언가 서비스를 제공해야만 객단가를 올릴 수 있는 것은 아니다. 상대적으로 가격대가 높은 신제품을 출시하는 것도 방법이다. 좋은 제품이라는 인식이 심어진 상태에는 신제품에 열광하는 현 고객들의 특성을 잘 활용하는 것도 비싸게 파는 방법 중 하나라는 것이다. 어떤 제품은 단품가와 세트가의 가격차가

적어 단품을 이용하느니 불필요해도 언젠가는 쓰겠지 하는 생각으로 세트를 사게 되는 경우도 있다. 어쨌거나 객단가를 높이는 전략들은 많다. 알면 알수록 그 효율성이 어마어마하다는 것을 느낄 것이다.

3) 고도의 스킬을 갖추어라

고도의 스킬이란 말솜씨와 말끔함, 즉 고객에게 전문성을 보이라는 의미이다. 제품을 구매하는 모든 과정에서 직원들의 태도와 보이는 부분에서 전문적이라는 느낌이 전달되면 고객은 '비쌀 만하네'라는 생각을 하게 된다.

글로벌 전자제품 제조사인 삼성전자가 해외에 비해 국내에서 같은 제품을 많게는 90% 이상 더 비싸게 파는 것으로 확인되어 국내 소비자에 대한 역차별 주장이 나왔을 때 했던 답변이 생각난다. 삼성전자는 한국은 워낙 서비스망이 잘 갖춰져 있지만 미국은 상대적으로 그렇지 못해 일종의 서비스료가 추가된 것이라며 제반비용이 더해지면 국가별로 가격 차이가 발생할 수 있다고 밝혔다.

물론 나 역시 이 답변만으로 이 정도로 제품을 비싸게 판매해도 되는가 하는 의문이 완전히 풀린 것은 아니다. 하지만 어느 한편으로는 어딘가 모르게 수긍되는 부분도 있었다. 일하면서 중소기업이나 대기업의 제품은 모두 좋지만 제품개발이나 생산

과정에서 대기업은 확인과 검사 등의 보이지 않는 부분의 공정에 공을 더 많이 들인다는 사실을 알았다. 그래서 업무 프로세스가 길고 복잡해 시일이 더 걸리는 것이다. 국내에서도 LG전자가 삼성전자를 못 넘어서는 건 분명히 이유가 있다는 걸 해당 회사의 제품을 이용하면서 그리고 A/S를 받아보면서 알게 되었다. 두 전자 직원의 태도나 마인드가 확연하게 차이가 났기 때문이다. 결정적으로 두 전자회사에서 아르바이트를 한 경험이 있는 친구와의 대화에서 이것을 확실히 이해하게 되었다.

"역시 삼성이야! 삼성은 알바인 내게도 사번이 나와! 하지만 고객 응대나 프로세스들을 따져보면 LG가 일하기 편해."

비싼 가격에는 이러한 서비스 비용이 들어간 것이다. 삼성전자는 굳이 가격을 내리지 않아도 한국 고객들은 자신의 제품을 살 것이라는 확신을 갖고 있을 것이다. 그 자신감은 바로 서비스 수준을 확실하게 높여 놓은 데 있지 않을까? 그리고 분명한 한 가지는 비싼 제품을 구매하도록 권유하는 일은 고도의 스킬을 갖춘 직원 위주로 진행해야 역효과를 방지할 수 있다는 사실이다. 여담이지만 나쁜 마음으로 사기를 치려는 사람일수록 화려한 말솜씨와 말끔함 그리고 완벽한 전문성을 보여 준다는 사실을 기억한다면 더 이해가 쉬울 것이다.

4) 싸게 팔지 마라

판매를 촉진시키기 위해 대부분의 기업들은 가격을 인하한다. 물론 그것이 한 방법일 때도 있다. 하지만 마케팅 업무를 지속하면서 가격을 내린 이상 다시 제값을 받기가 하늘에 별 따기라는 것을 겪고, 보았다. 이 경우 가격을 올린다는 것은 거의 불가능에 가깝다. 사실 시장원리를 봐도 그렇고, 싸고 좋은 제품은 없다. 지금 시장에서는 싸게 팔면 뭔가 하자가 있다고 일단 의심부터 받는다. 명품이나 고가의 제품들은 재고가 쌓여도 폐기할지언정 절대 가격 인하를 하지 않는다. 이 원리를 잘 알고 있기 때문이다. 그래서 브랜드 네임 밸류가 잘 유지된 제품에는 가격 인하가 없다.

친구와 함께 장을 보았다. 젖먹이 딸을 둔 친구는 더블하트 젖병을 사야 한다며 마트를 뒤진다. 아직 미혼인 나는 그게 얼마나 좋은지를 물었다. 혼유를 하는데 신생아 때는 모유를 잘 먹더니 클수록 점점 분유를 거부하는 통에 힘들다는 것이다. 젖맛을 알아서 그렇단다. 도통 무슨 말인지 이해 못 하는 나에게 제품을 뜯어 보여 준다. 만져 보니 피부처럼 부드러웠다. 이 제품의 특징을 보아하니 '모유실감'이란다. 정말 그랬다. 아기가 신기하게도 이 젖병으로 분유를 주면 잘 먹는다는 것이다. 다른 제품보다 두 배로 비쌌지만 기를 쓰고 사려는 이유를 알게 되었다.

비싸도 사는 이유는 그만큼 좋기 때문이다. 제품을 비싸게 팔려면 그 제품이 얼마나 좋은지를 명확하게 증명해 주는 것이 가장 좋다. 원가 대비 가격이 비쌀지라도 제품이 좋다는 인식이 정확하게 심어지면 고객은 얼마든지 우리가 제시하는 금액을 지불하고 구매한다. 따라서 제품이 얼마나 좋은지에 대해 사용 전후의 증명이나, 타제품과의 비교를 통해 확실히 보이고 알려야 한다. 그래서 앞의 내용에서 지속적으로 내 제품을 알리는 것이 얼마나 중요한지를 설명하면서 SNS의 활동을 언급하였던 것이다.

내가 아는 지인은 식당을 운영하는데 고객에게 절대 싸게 주지 않는다. 싸게 주는 이벤트를 했다가 이벤트가 끝나고 다시 제값을 받는 건데도 비싸다는 인식이 심어져 운영하는 데 힘들었다는 것이다. 그래서 다시는 가격 인하를 하지 않는다고 했다. 대신에 다른 반찬을 서비스로 주었더니 인심이 좋다고 소문이 났단다. 제품을 비싸게 팔고 싶다면 가격을 지켜내려는 노력이 최우선이어야 한다. 그러니 싸게 팔려 하지 말고 그 에너지로 제품이 얼마나 좋은지를 알리거나 서비스를 개발하는 게 낫다.

놓치고 있는 고객 요청이
없는지 보라

고객 원츠를 파악하라

말하지 않아도 알아듣지 못한 죄

① 女: 자기, 내일 일요일인데 뭐해?

② 男: 글쎄? 딱히 생각해보지 않았는데. 자기는 뭐하게?

③ 女: 글쎄?

④ 男: 음. 자기 다음주를 위해 늦잠도 자고, 피로도 좀 풀고 그래.

⑤ 女: 그래야겠지?

⑥ 男: 응!

⑦ 女: 근데 자기는 나 사랑하는 거 맞아?

⑧ 男: 갑자기 왜?

⑨ 女: 그냥.

⑩ 男: 왜 또 시비야?

⑪ 女: 시비? 몰라서 물어?

⑫ 男: 또 왜 그러는데.

⑬ 女: 그걸 꼭 말로 해야 해?

⑭ 男: 미안. 왜 그러는데?

⑮ 女: 뭐가 미안한데?

⑯ 男: 글쎄… 그냥 다 미안해….

⑰ 女: 미안하다며! 그러니까 뭐가 미안하냐고!

⑱ 男: … (⑭~⑰ 구간 반복)

　연인 사이에 자주 등장하는 대화일 것이다. 과거 나의 대화이
기도 하다. 당신은 어느 구간에서 이 두 남녀의 갈등이 시작되었
는지 짐작 가는가? 그렇다. ①번에서 말하는 여자의 진심을 알아
채지 못한 ②번의 남자 대화에서부터 갈등은 이미 시작되었다.

　여자는 일요일에도 남자친구와 특별한 데이트를 하고 싶어 내
일 뭐하냐고 묻는 것이었는데 곧이곧대로 듣고 넘겨버린 남자친
구가 서운했다. 즉, 여자가 말하는 "자기, 내일 일요일인데 뭐해?"
는 "자기야, 내일도 나랑 놀아 줘"로 해석했어야 하는 것이다.

　물론 남자가 잘못을 했다는 것이 아니다. 서로의 갈등이 시작
된 지점을 이야기하는 것이다. 정확한 문제를 찾자면 애당초 서
로가 연인이 아니면 모든 게 해결된다.

　어쨌거나 이런 경우를 종종 듣고 겪는 걸 보면 남자들이 모르
는 여자들의 언어가 있긴 있는 듯하다. 어느 온라인 커뮤니티에

서 한 남성이 여자의 '몰라'라는 말은 '세계 8대 미스터리로 해석 불가'라고 남긴 댓글을 보며 한참을 웃었다. 서로의 언어가 이렇게 다르니 잘 지내다가도 한쪽은 서운해하고 한쪽은 어리둥절 억울한 이 같은 상황이 반복될 수밖에.

이 같은 상황은 고객과의 관계에서도 일어난다. 연인이라면 서로 이야기하며 맞춰 갈 수 있는 기회라도 얻겠지만 고객은 우리에게 조금의 시간도 허락하지 않는다. 고객의 마음을 바로 알아야 하는 무조건적인 미션을 우리는 쥐고 있는 것이다.

따라서 고객의 숨겨진 진짜 마음을 알기 위해서는 고객의 심리를 꿰뚫어볼 수 있는 눈과 알아내고야 말겠다는 의지가 무엇보다 중요하다. 그렇다면 우리는 어떻게 고객의 마음을 알 수 있을까? 어떻게 보아야 제대로 볼 수 있을까?

한상복 작가의 『배려』라는 책을 보면 다음과 같은 말이 나온다.

"세상의 이치는 시험 문제를 푸는 것과 같다. 상대방의 관점에서 보려고 노력하면 풀리지 않는 일이란 없다."

비즈니스에서도 마찬가지이다. 고객이 우리에게 던져 준 시험을 고객의 관점에서 보려고 노력하면 풀지 못할 문제는 없다. 이것이 고객의 니즈를 파악하는 첫 번째 관문인 것이다.

지금 알아야 할 건 니즈(Needs)가 아닌 원츠(Wants)

사실 우리가 흔히 접하는 '니즈(Needs)'라는 단어는 21세기로 접어들면서 '원츠(Wants)'로 바뀌었다. 이게 무슨 말이냐. 니즈는 기본적인 욕구, 즉 '필요함'이다. 반면에 원츠는 기본적인 욕구를 넘어서 구체적으로 원하는 '바람'이다.

핸드폰 시장을 들여다보자. 왜 많은 사람들이 기본적인 기능에 큰 차이가 없는데도, 고장이 나지 않았어도 매번 비싼 값을 치르고 핸드폰을 새로운 기종으로 바꾸는 것일까? 이는 핸드폰이 시장에 등장할 때만 해도 전혀 존재하지 않던 고객의 원츠에서 비롯된 것이다. 모든 상품이나 기업들이 고객의 니즈로부터 출발했지만 지금은 고객의 원츠로 경쟁하고 있다.

다시 말해 '배고프다'는 기본적인 욕구, 즉 니즈에 속하지만 '무엇으로 배를 채울까?'는 구체적인 수단과 바람인 원츠인 것이다. 그래서 고객의 원츠를 파악하고 수많은 기업들이 즉석밥이나 냉동식품 등의 상품을 시장에 내놓고 경쟁을 하고 있는 것이다.

단순한 필요성이 아니라 이런 욕망을 자극하는 원츠의 관점에서 바라보면 수요와 가격의 제한은 사라지게 된다. 그래서 원츠는 시장을 끝없이 넓혀 갈 수 있다.

고객 원츠를 파악하려면 고객 관점에서 생각하라

실비보험이 막 인기 상승세를 탈 때쯤이었다. 병원비가 아까워

크게 아프지 않으면 웬만해선 병원에 가질 않으시는 부모님을 위해 여기저기 보험 상품을 알아보고 있었다. 때마침 지인이 보험 설계사 한 분을 소개시켜 주었다. 부모님 실비보험을 추천해 주십사 통화를 하고 약속장소에서 안내를 받았다. 그런데 실비보험이 아니라 종신보험을 추천해 주는 것이다. 회사 전문가들에게 조언까지 받아 설계해 온 것이라 믿고 가입하면 된다고 했다. 물론 어머니는 종신보험이 없으시다. 그래서 있으면 좋겠다고 생각은 들었다. 하지만 나는 살아계시는 동안 병원비 걱정하지 않고 마음 편히 병원에 가실 수 있도록 하고픈 마음이 더 컸다. 지인 분 소개라 어지간하면 계약을 하려고 했지만 원래 계획과는 너무도 달라 없었던 걸로 하고 헤어지고 말았다.

며칠 후 검색을 통해 알게 된 보험사에서 실비보험 상품을 들고 나를 찾아왔다. 애당초 내가 원하던 상품이었고 또 설명을 들어보니 괜찮은 상품인 듯해서 가입하게 되었다. 계약이 마무리되고 차를 마시면서 이런저런 대화를 했다. 대화를 하다 보니 부모님 암보험 하나 더 들어 드려야겠다는 생각을 하게 되었다. 나는 암보험을 추가로 계약하였다.

집으로 오는 길에 뿌듯하면서도 한편으로는 웃음이 나왔다. 부모님 실비보험 하나 들려다 암보험까지 추가되어 결국 종신보험보다 더 많은 비용의 보험을 들게 된 셈이었다. 나를 설득시킨 보험설계사분의 영업력이 대단하다는 생각을 했다.

아직까지 부모님의 두 보험은 만족스럽고 잘 유지하고 있다.

나를 설득시킨 보험설계사는 나의 관점에서 나의 부모님을 함께 걱정해 주었다. 이것이 바로 고객 원츠를 잘 파악한 결과인 것이다.

매서운 추위가 오고 있다. 올겨울 점퍼 시장 고객 원츠는 어떨 것 같은가? 다양한 경로로 조사할 수 있겠지만 일단 쉽게 '점퍼' 혹은 '패딩'으로 검색해 보자. 고객 원츠가 보이는가? 그렇다. 검색 결과로 보이는 상품이나 인기 검색어들을 보아 하니 올겨울도 여전히 긴 패딩과 패딩조끼가 유행할 것이다. 고객 관점에서 더 들여다보면 디자인 부분 등에서도 그들의 원츠를 발견하게 될 것이다. 당신의 고객은 어떤 것을 필요로 하고 있는가? 매의 눈으로 고객의 니즈를 넘어 원츠를 파악하라.

남들과 같다면 그냥 고객 만족 서비스다

여느 때처럼 눈뜨자마자 커피를 내리면서 인터넷 뉴스를 훑어 보았다. '취준생 걱정, AI면접까지… 눈성형 이제는 선택이 아닌 필수?'라는 기막힌 헤드라인에 클릭하였다. 지금은 4차산업이라 는 트렌드 속에서 AI(인공지능)면접까지 도입되고 있기 때문에 스 펙뿐만 아니라 외모에 따른 경쟁력을 갖추는 것이 선택이 아닌 필수가 되었다는 내용이었다. 과거 취업에 유난 떨던 친구가 면 접을 위해 성형을 한다기에 외모지상주의에 혀를 내두른 지가 엊 그제 같은데 세상이 벌써 이렇게 변했나 하는 생각에 몸서리가 쳐진다.

세상이 많이 변하긴 했다. 변하는 속도도 엄청나다. 그만큼 경 쟁도 치열해졌다. 치열한 만큼 남들과 달라야 선택받는 세상이 다. 이게 어디 면접에 임하는 개인뿐이겠는가.

프랜차이즈의 등장으로 접어야 했던 제과점

내가 어릴 적 부모님은 사업을 하셨다. 어머니는 제과점을 하셨는데 4호점으로 확장하려던 참에 파리바게뜨가 우리나라에 들어왔다. 프랜차이즈의 힘은 대단했다. 단숨에 제과제빵 시장을 장악하였고, 어머니는 결국 제과점 운영을 접으셨다. 제과점 뒤에서 바쁘게 돌아가던 공장은 멈추었고 제빵사 삼촌들은 하루아침에 직업을 잃었다. 엎친 데 덮친다고 아버지의 사업은 IMF 외환위기를 맞아 우리 집은 그야말로 풍비박산이 났다. 내 나이 꿈 많던 14살이었다.

함께 빵을 먹으며 어머니께 물었다.

"얼마나 손님한테 잘했기에 그때 그렇게 장사가 잘된 거야?"

"말도 마라, 야. 장사가 너무 잘돼서 내가 빵기술을 배워서 팔아도 모자랄 판이었어. 그때는 손님들이 웃어만 줘도 껌뻑 죽었어. 친절하다고 소문이 났었지. 근데 지금은 이쁘게 차려입고 인사하는데도 시큰둥하더라. 빨리 접기 잘한 거지, 뭐."

"하하하하하."

우리는 과거와 현재의 제과제빵 모습을 이야기하며 웃었다. 어머니는 당시 제빵사는 아주 고급 인력이었다고 말씀하셨다. 한참 운영하실 때는 어찌나 장사가 잘되었는지 제빵사들의 불만이 많았다고 했다. 자정까지 판매해야 할 빵들이 오후 3, 4시면 동이

나 제빵사 삼촌들의 퇴근이 늦어지기 일쑤였기 때문이다. 급할 때 어머니가 직접 빵을 구워내 팔려고 제빵 기술까지 배웠다고 하니 변해 버린 시장이 아쉽다. 하지만 요즘 같아선 경쟁이 심해 피곤할 것 같다며 장사는 못 하겠다 웃어넘기신다.

고객이 만족할 때까지?

곰곰이 생각해 보면 과거에 비해 정말 서비스가 향상되었다. 그런데도 불구하고 우리는 서비스가 부족하다는 불만을 곧잘 이야기한다. 제대로 서비스를 받았지만 최상이라고 생각하지 않는다. 이러한 현상은 어디선가 더 좋은 서비스를 제공받고 있기 때문이라는 걸 인식해야 한다.

언제 한번은 식당에서 식사를 마치고 나오는 길에 어느 중년 남성이 계산 중에 하는 말을 듣게 되었다. "여기는 껌 같은 거 안 줘요?" 식당주인은 "아 네, 저희가 껌은 없네요. 죄송해요" 하고 응대를 한다. 중년 남성의 질문을 통해 분명 다른 식당에서 껌을 제공받은 경험이 있었음을 짐작할 수 있었다. 식당주인은 잘못한 게 없는데도 고객에게 죄송하다며 인사를 했다. 다른 식당은 주는데 본인은 못 줬으니 당장은 그렇게라도 응대를 해야 한다고 생각했을 것이다.

지금의 고객은 보통 서비스로는 더 이상 만족하지 않는다. 실제로 어느 서적을 통해 과거에 비해 67%의 고객이 기대가 높아졌다는 정보를 보았다. 서적을 본 지도 벌써 수해 전 일이다. 시장 경쟁이 높아갈수록 고객의 욕구와 기대는 높아질 게 불 보듯 뻔하다. 이렇게 한정 없이 높아지는 욕구와 기대에 맞춰 한없이 서비스를 제공해야만 하는 것일까?

'무조건 많이'가 아니라 '고객이 원하는 것'

여자들은 단골 미용실을 이용하는 경우가 많다. 내 머리를 만져 봤으니 길게 설명하지 않아도 알아서 해 주기 때문이다. 이사를 한 통에 이동이 귀찮기도 하고 간단히 커트만 할 거라 외출 길에 집 앞에 있는 미용실에 갔다. 그런데 내 머리에 분무기로 물을 뿌리더니 커트를 시작한다. 의아했지만 뭔가 이 집만의 스타일이 있겠거니 생각했다. 그런데 커트를 마치고 드라이기를 이용해 마무리하는 느낌이 들어 "머리 안 감겨 주나요?" 하고 물었다. 미용사는 "네?" 하고 놀란다. 그랬다. 나는 모든 미용실이 머리를 먼저 감겨 주고 시작하는 줄 알았다. 그래서 머리를 감지 않고 일부러 외출 길에 미용실을 들른 것이었다. 이미 내가 받아온 서비스에 익숙해져 이 사실을 몰랐던 것이다. 비용을 더 지불하기로 하고 머리감기 서비스를 받은 후 드라이로 마무리하였다. 불평할 문제는 아니었다. 내가 변화된 미용시장을 몰랐던 것이고 따지고 보면 내가 이용하던 미용실보다 저렴했다. 하지만 나는 펌이나 염색할 때가 오면 멀어도 내가 이용하던 단골 미용실로 가리라 마음을 먹었다.

시장은 변한 거다. 단골 미용실은 동네 미용실보다 가격은 비싸지만 머리를 감겨 주는 서비스도 추가하고 쿠폰을 제공하는 등 지속적으로 다른 혜택을 제공하고 있었다. 물론 이것이 계속 오게 만드는 전략이라는 것도 알았지만 그 사실이 신경 쓰이지 않을 만큼 나는 만족하고 있었다. 어머니가 제과점을 운영하던 시대는 갔다. 더 이상 연인들이 제과점에서 데이트를 즐기는 시대가 아니다. 곧 내 시대도 지나갈 것이다. 그리고 새로운 시대가 금방 올 것이 틀림없다. 그렇다. 한정 없이 서비스를 제공해야 하는 것이 아니라 시장 변화에 맞춰 서비스도 진화해야 하는 것이다.

올봄 4월 즈음에 보았던 재미난 기사가 생각난다. 스타벅스는 전날 "내달 29일 오후 전체 17만 5,000명에 달하는 직원을 대상으로 인종차별 예방교육을 시행하기로 했다"고 밝혔다. 최근 '인종차별 논란'에 휘말린 미국 스타벅스가 반나절 동안 매장 문을 닫고 직원 교육을 하면서 포기하게 되는 매출이 1670만 달러(약 178억 원)에 이를 것으로 추산된다는 기사 내용이었다. 지난 4월 필라델피아의 스타벅스 매장에서 흑인 남성 2명이 음료를 주문하지 않고 앉아 있다 매장 직원의 신고를 받고 출동한 경찰에 의해 연행되는 영상이 확산되면서 스타벅스에 대한 비난 여론이 일었던 모양이다.

스타벅스는 기업의 진정성을 전달하기 위해 서비스에 초점을 맞추고 이익을 포기하며 교육을 강행하였다. 스타벅스의 최고 경영자인 하워드 슐츠(Howard Schultz)는 고객 서비스의 본질이 무엇인지 잘 알고 있는 것 같다. 우리는 여기서 여론이 확산되기 전, 사건이 일어나자마자 공론화하고 이를 시행한 스타벅스를 주목해야 한다. 여론은 금세 조용해졌고 도리어 스타벅스는 그 전보다 국민들의 신뢰를 얻게 되었다. 지금 대한민국은 커피공화국이다. 커피공화국답게 학생들도 커피점 아르바이트를 많이 하는데 아르바이트 경험자들이 하나같이 스타벅스에서 일하기가 제일 힘들다고 말한다. 하루가 멀다 하고 고객에 맞춰진 서비스 프로세스들이 쏟아지기 때문이다. 특히 지속되는 신메뉴 외우기는 감당하기 힘들 정도라고 한다. 나 역시 고객으로서 암만 봐도 스타벅스의 적수가 없어 보인다. 제공되는 각종 서비스를 이용해 봐도 그럴 만하다고 느껴지지 않는가? 커피 업계 1위 스타벅스, 고객에게 맞춰진 서비스도 서비스지만 앞을 내다보는 눈과 빠른 실행력이 있었기에 가능하지 않았을까 싶다.

이처럼 요즘 고객 만족이라는 단어는 특별한 것이 아니라 당연히 받아야 하는 일종의 권리로 생각되는 시대다. 기업들이 서비스에 매달리는 이유도 여기에 있다. 핸드폰과 앱스토어는 분리할 수 없고 제품과 A/S 역시 분리하지 않는 것처럼 상품과 서비스 간의 경계는 이미 희미해진 지 오래다. 제품의 사양이나 가격 차는 점점 줄어들고 있으니 기업의 남은 승부수는 고객 서비스가 아니고 무엇이겠는가. **마냥 퍼 주는 서비스가 아니라 변하는 시장에 맞춰 내가 제공하는 서비스를 진화시켜야 한다.** 머뭇거리

는 만큼 이렇게 급변하는 시장에서는 경쟁상대가 그대의 고객을
가로채 가고 말 것이다.

고객은 만족한다고 충성하지 않는다

성능보다 느낌

J회사에서는 매월 영업부 직원들을 위해 업무역량 향상을 위한 제품교육도 실시했었다. 회사 차원에서 전략적으로 판매해야 하는 제품이라 판단되었을 때는 더 밀도 있는 교육이 진행되어야 했다. 아는 만큼 설명을 잘할 것이고, 더군다나 그들이 설명해야 할 거래처 대상자는 약사였기 때문이다. 그래서 영업부는 다른 부서와는 달리 수시로 교육을 진행했다.

전략제품이었던 D제품을 교육할 때 일이다. 가글 상품이었다. 전략제품은 회사에 이익을 많이 주는 제품이기도 하지만 정말 좋은 제품이라는 게 확인되어야만 될 수 있다. 한방 원료로 만들어졌던 D제품은 우리 입속의 충치균(뮤탄스균)을 말끔하게 제거

하는 특징을 가지고 있었다. 시장 어디를 보아도 이보다 더 말끔하게 뮤탄스균을 없애 주는 제품이 없었다. 우리 모두는 공부를 하고 교육을 받으면서, 무엇보다 사용해 보면서 정말 좋은 제품임을 인정할 수밖에 없었다. 사용해 본 거래처 약사들도 좋은 제품임을 인정하게 되었고 D제품을 약국 매대에 진열하는 데 성공하였다. 그런데 판매가 되지 않았다. 시간이 갈수록 우리는 초조해졌다.

교육과 마케팅을 병행하는 나 역시도 샘플들을 챙겨 와 주변에 나누어 주며 객관적인 소리를 들으려 노력했다. 설명도 잘해 주었고 친구도 좋다는 걸 인정했다. 그런데 사고 싶지는 않는다고 말한다. 무엇이 문제인 걸까.

우리 마케팅사업부는 구매부, 영업본부와 함께 모여 대책을 세우기 위해 문제점과 원인을 나누기 시작했다. 잦아지는 회의만큼 해야 할 일들은 수북이 쌓였다. 문제의 원인을 어느 것 하나로 치부할 수는 없지만, 마케팅 학문적으로도 모든 제품에는 수명주기가 있기 마련인데 이는 제품이 좋아도 현 시장에 맞지 않으면 살아남지 못한다고 이야기한다.

미디어디자인을 전공한 나는 학창시절에 터치화면은 한참 전에 이미 개발되었지만 전체 시장의 인식이나 유통망이 형성되지 않아 단계적으로 사업이 확장되고 안착된다는 사실을 공부하면서 무척 놀랐다. 마찬가지로 당시 학습과정 중 '스타일러' 디자인을 확인하면서 '무슨 세탁소 놔두고 스타일러람, 자리만 차지하지'라는 생각을 했었다. 그런데 지금 어떤가. 2011년 LG가 내놓은 스타일러는 그야말로 대박을 터트렸고 10년이 채 지나지 않은 현 시장은 혼수 필수품으로 자리 잡으며 각광받고 있다. 집에서 드라이클리닝을 하는 시대가 된 것이다. 현재 우리나라 골칫거리인 미세먼지도 시장 변화에 한몫했다.

어쨌거나 여러 문제 속에서 현 시장도 그렇고 친구가 일러준 말은 일리가 있었다. 가글은 청량감 때문에 이용한다는 사실이다. 우리나라는 아직까지 양치를 하고 입속에 남아 있는 뮤탄스균(충치균)을 죽여야 한다는 인식이 약한 데다 한방 맛이 나니 청량감에 방해가 되었던 것이다. 너무도 원초적인 문제점이 지적되었다. D제품을 시장에서 철수시킬 수밖에 없었다.

사례에서 고객이 만족했지만 충성으로 이어지지 않았던 것은 인식의 문제가 컸다. 인식만으로 충성고객이 확보만 된다면 홍보만 열심히 하면 되겠지만 그것만이 문제가 아니라는 걸 우리는 잘 알고 있을 것이다.

진정성으로 고객을 사로잡아라

어린 시절, 흔들거리는 덧니 하나를 뽑지 못해 끙끙대다가 결국 엄마 손에 붙들려 치과를 방문해 지옥을 경험했다. 마취주사는 극도로 무서웠고 흔들리는 왼쪽 덧니와 나란히 마주하는 오른쪽 생덧니까지 뽑아 버렸던 불친절한(?) 치과의사 덕분에 나는

30대가 될 때까지 무서운 치과가 싫어서 꾹 참았다. 결국 그동안 방치되었던 내 치아로 인해 7년 전부터 치과 신세를 질 수밖에 없는 삶을 살게 되었다.

그때 이용한 치과는 회사 근처에 있는 곳이었다. 나이를 먹으니 치료해야 한다는 다짐도 커지고 그 공포와 무서움 또한 견딜 수 있었다. 하지만 치과를 방문할 때마다 임플란트 견적을 뽑아주며 강요하는 통에 치과를 간다는 것이 아주 고통스러웠다.

회사가 사옥을 이전하는 통에 다니던 치과도 변경해 버렸다. 아쉽지 않았기 때문이다. 새로운 치과에서 운 좋게도 친절한 주치의를 만났다. 마취도 주치의가 얼마나 신경 써 주느냐에 따라 덜 아프다는 것을 경험하였고, 정기검진을 하라는 연락도 매월 받는다. 가장 좋은 것은 임플란트도 좋지만 예방만 잘하면 더 쓸 수 있다며 쓸 수 있을 때까지 내 치아를 쓰라고 권장해 준 것이다. 문제가 되었던 어금니를 벌써 10년 가까이 잘 사용하고 있다. 앞으로 사용하는 데 문제없다고 주치의는 일러주었다. 지금은 회사도 보금자리도 바뀌었지만 친절한 주치의가 있는 치과를 계속 이용하고 있다. 내가 어디를 가든 이 주치의에게만 치료받을 것이다.

이렇게 나는 이전 치과에서 치료를 잘 받았음에도 불구하고 과감히 다른 치과로 이동했다. 이동한 치과가 마음에 들어 내가 멀리 이사를 가더라도 이 병원을 다니리라 다짐했다. 충성의 문제는 거리도 뛰어넘는 것이다. 고객은 다양한 친절과 서비스를 곳곳에서 받을 수 있는 상황에 놓여 있기에 더 마음이 가는 쪽의 충성고객이 될 수밖에 없다. 그러니 고객이 한 번 나에게 찾아왔을 때 충성고객으로 만들도록 노력해야 하는 것이다. 진정성 있는 주치의를 만났기에 충성고객이 될 수밖에 없었다. 엄청난 내공인 진정성만이 충성고객을 만들 수 있는 것일까. 이는 분명한 사실이긴 하지만 고객은 사소한 부분에 충성하기도 한다.

사소한 인간미로 충성을 사다

집 앞에 약국이 세 곳이 있다. 매달 진통제를 구입하기 위해 약국에 들른다. A약국은 중년의 남자 약사 한 분이 운영을 하는 듯 보였다. 친절하긴 한데 털털한 성격이신지 곳곳에 의약품 박스들을 쌓아 두었다. 혼자 운영하시니 바쁘고 힘들겠다는 생각은 했지만 조금은 지저분한 느낌이 들었다. 늘 먹던 진통제라 제품을 구입해 먹는 데 아무런 지장은 없었다.

익월에 진통제를 사야 해서 다시 약국을 향했다. 동선으로는 A약국이 가장 가까웠으나 A약국과 마주하고 있는 B약국을 이용하였다. B약국이 깔끔해 보였기 때문이다. 들어가보니 인테리어를 새로 한 것 같았다. 전산을 담당하는 직원도 약사님도 매우 친절했다. 내가 찾는 제품을 주시면서 서비스 차원에서 바구니에 쌓아 둔 비타민까지 주신다. 새콤달콤 맛있었다. 약국을 나오면서 다음에도 B약국으로 오리라 마음먹었다.

한 달이 지났고 진통제를 사야 했다. 퇴근길이라 버스를 타고 길 건너편에서 내린 나는 바로 보이는 C약국에서 진통제를 사게 되었다. 새 건물처럼 깨끗하지는 않았지만 그렇다고 지저분하지도 않았다. 내가 찾는 진통제가 없었다. 그래서 다른 제품을 소개시켜 주셨다. 이 또한 좋은 제품이란 걸 알고 있었기에 결제를 위해 카드를 꺼내 드렸다. 그런데 약사는 오늘 따라 카드단말기가 말썽이어서 지금 카드결제가 안 되니 그냥 가져가라며 미안해한다. 깜짝 놀란 나는 "그러다가 제가 제품만 가져가고 결제하러 안 오면 어쩌려고요?" 하고 물었다. 약사는 "어쩔 수 없지요, 뭐. 그래도 다음에 들를 것 같은 믿음이 가는데요?" 하고 털털한 웃음을 보이신다.

내가 찾는 제품도 없었고, 결제 문제가 생겨 번거로움을 주었는데도 왠지 나는 C약국에서 뭔가 모를 따뜻한 정을 느꼈다. 나를 믿어주는 마음 말이다. 그 이후로 나는 매달 신호등을 한 번 더 건너는 수고에도 불구하고 C약국을 이용하고 있다. 사소한 믿음이 전달되었을 뿐인데 나는 충성고객이 되어 버린 것이다.

고객은 다양한 서비스에 노출되어 있다. 한 번 이용했던 제품이 만족스러웠다고 계속 구매하는 것도 아니다. 더 좋고 다양한 제품들은 많기 때문이다. 남들만큼 해서는 절대 그대와 제품을 어필할 수가 없다. 모두가 이런 경쟁 속에서 살아남으려고 치열하게 싸우고 있다는 걸 기억해야 한다. 고객이 지불한 금액에는 모든 서비스가 포함되어 있다고 인식하는 시대이다. 그대만의 특별한 서비스를 제공하려고 노력해야 한다. 나를 충성고객으로 만들어 버렸던 사례 속 주인공들이 주는 서비스에는 특별함이 있었다. 이 특별함 속에서 고객은 더 많이 받은 것처럼 생각하게 되고 충성하게 되는 것이다.

고객은 가치에 지갑을 연다

명품백을 들고 콩나물값을 깎는 이유

집 근처 재래시장은 나에게 재미있는 곳이다. 특유의 넉넉한 인심과 시끌시끌하고 활기찬 분위기는 종일 책과 지루한 씨름을 하는 나에게 머리를 정화시켜 주는 놀이터 같은 공간이다. 그래서 가까운 마트보다 좀 걷더라도 재래시장으로 장을 보러 온다. 게다가 입맛 돋우는 먹거리는 요리에는 젬병인 나에게 행복감을 더해 주니 얼마나 좋은지 모른다.

떡볶이를 먹는데 건너편에서 어떤 아주머니가 콩나물을 사는 모습이 보였다. 싸디싼 콩나물을 사면서도 500원을 깎아 달라고 떼쓴다. 이것저것 많이도 샀으니 가게 아주머니는 귀찮은 듯 알았다며 깎아준다. 장보던 아주머니의 명품가방에 내 시선이 잠시

머물렀다. 뭐 저렇게까지 깎으려 애쓰나 하는 생각을 하며 떡볶이를 크게 한입 먹었다.

콩나물이나 두부를 사면서 몇백 원을 깎으려는 여성 고객도 명품 핸드백이나 시계를 사기 위해서는 몇십에서 몇백만 원을 기꺼이 지불한다. 재래시장에서 콩나물을 사던 아주머니도 자신의 가방을 살 때는 깎아 달라고 하지 않았을 것이다. 아니 못 했을 것이다. 왜 이 같은 현상이 일어날까? 그것은 콩나물과 명품에 부여하는 가치가 다르기 때문이다.

명품은 가격이 아닌 가치로 평가받는다

다양한 명품이 있지만 그중 프라다를 좋아하는 편이다. 멋이 과하지 않으면서 중후한 느낌을 주기 때문이다. 프라다는 여타 명품들이 사용하는 가죽과는 달리 '포코노 나일론(Pokono nylon)'이라는 소재로 탄생한 브랜드이다. 포코노 나일론은 군용 텐트 소재로 출발하여 다른 가방을 보호하는 천으로 쓰이다가, 최고의 디자이너(미우치아 프라다)에게 선택되면서 명품으로 발굴되었다. 이 소재는 실용적이며 미관도 나쁘지 않아 프라다 이후 사용이 급증하였다. 재미있는 것은 가격이 매우 저렴한데도 불구하고 프라다의 로고가 찍혀 제작되면 명품으로 탄생한다는 것이다. 소박한 실용성을 가진 프라다! '아름답게 소박하고, 소박하게 아름답다'는 프라다의 철학이다.

왜 명품 이야기를 하느냐. 가치를 설명하고 이해하기가 쉽기 때문이다. 포코노 나일론으로 제작된 가방은 시장에 가면 1만 원도 안 되는 가격으로도 살 수 있다. 그런데 프라다가 만들어 내면 몇백만 원은 그냥 넘어간다. 그럼에도 불구하고 우리는 이런 가격을 따지지 않는다. 명품은 가격이 아니라 가치로 평가받는다.

최근 무라마츠 다츠오가 내놓은 『고객의 80%는 비싸도 구매한다』라는 책을 재미있게 읽었다. 무라마츠 다츠오는 소비자의 구매 행동을 다음과 같이 분석하여 놓았다.

① '세일 제품을 절대로 사지 않는' 상위 20%
② '세일 제품과 정가 제품을 모두 사는' 중간의 60%
③ '세일 제품만 사는' 하위 20%

즉, 80%의 고객은 비싸도 필요하면 결국 구매하기 때문에 마케팅의 타깃을 80%로 맞추라는 것이었다.

맞는 말이었다. 구매가치가 있다고 생각되면 고객은 비싸도 산다. '꼭 그 물건을 사야겠다'라고 생각하도록 상품의 가치를 높이는 전략이 필요한 이유가 여기에 있는 것이다.

이벤트는 도울 뿐

나의 첫 번째 직장은 교육컨설팅 R회사였다. 주고객은 병의원이었는데 교육차 만났던 어느 치과의사에게서 요즘 우후죽순 생겨나는 경쟁 치과 때문에 고객 유치가 힘들다는 하소연을 듣게되었다. 그는 고객 유치를 위해 각고의 노력을 하고 있었다. 무료스케일링, 가격 할인, 환자 동반 시 1+1 진료, 포인트 지급 등 다양한 이벤트로 고객에게 서비스를 제공하고 있었다. 하지만 고객들은 크게 고마워하지도 않고 이러한 노력들이 재방문으로 이어지지도 않는다고 하였다.

나 역시 정기적으로 치과를 다녀야 하는 인생이기에 치과에서제공해 주는 다양한 서비스를 받아 보았다. 칫솔세트를 받았다고 그 병원을 '계속 다녀야지' 생각하지는 않는다. 앞 챕터에서 잠깐 소개했던 내 주치의에게 나는 이미 충성고객이 되어 버렸기때문이다. 평소 잘 관리를 못 했던 탓에 이곳저곳 방문했던 치과들이 많다. 생일과 기념일에 지속적으로 문자를 보내 온다. 순간기쁨을 느끼기는 하지만 내 마음을 사로잡지는 못한다. 내 치아를 자신의 치아처럼 걱정해 주는 마음을 느끼게 해 준 내 주치의의 진료 가치가 훨씬 크기 때문이다.

그래서 나는 서비스 차원에서 병원컨설팅 답은 두 가지로 정의내린다. 첫 번째는 고객이 겪게 되는 부정적인 경험과 불편함을없애는 노력을 해야 한다는 것, 두 번째는 데이터를 활용하여 고객과 감성적으로 상호작용하는 것을 지속하라는 것이다. 즉, 그

간 해 왔던 이런저런 이벤트는 필요 없는 게 아니라 첫 번째 노력
을 부각시켜 주는 필요한 보조 역할로 활용하라는 말이다.

돈은 있지만 이 상품을 살 돈은 없다

올여름엔 정기 검진을 받으러 내 주치의에게 갔다. 어금니를
씌우면 더 오래 쓸 수 있다고 이야기해 준다. 씌우는 종류도 많
은데 비싸지만 지르코니아가 좋다고 권장한다. 나는 지르코니아
가 제일 좋은지 어떤지 잘 모른다. 무한 신뢰를 하고 있는 내 주
치의 말에 고민 없이 지르코니아로 어금니를 씌우고 집으로 돌
아왔다.

가치란 바로 이런 것이다. **내가 판매하는 상품에 가치를 입히
면 고객은 가격에 연연하지 않고 지갑을 열게 돼 있다.**

간혹 우리는 기껏 노력했는데 고객에게서 '돈이 없다'는 대답
을 듣고 당황한다. 이 대답에 더 이상 어떻게 해야 할 방법이 없
어 보인다. '돈이 없다'는 말의 진정한 의미는 무엇일까? 물론 정
말 돈이 없을 수 있다. 이는 애당초 타깃을 잘못 짚은 탓을 해야
한다는 것을 기억해 주길 바란다. 내 상품에 관심을 보였던 고객
입에서 결국 흘러나온 '돈이 없어서'라는 말에는 '이 상품에는 돈
을 투자할 생각이 없다'는 뜻이 감춰져 있다. 그렇기 때문에 아무
리 갑부라도 필요 없는 상품, 끌리지 않는 상품에는 돈을 절대
쓰지 않는 것이다.

중요한 건 돈이 아닌 가치

최근 백화점들이 프리미엄 PB 상품이 주목받는 식품관 소식을 언론에 전했다. 일반 브랜드에 비해 최대 10배가량 비쌈에도 불구하고 더 많은 판매와 매출을 올려 주고 있다는 것이다. 현대백화점 관계자는 "대부분의 유통업체 자체 상품(PB)이 가격을 앞세운 것과 달리 가격이 높더라도 좋은 재료와 원료를 사용해 고객이 만족할 만한 제품을 만든다는 전략이 주효했다"고 덧붙였다. 이에 시장은 프리미엄 차별화가 인기 요인이라는 분석을 내놓기도 했다.

지금 현 시장과 고객들의 성향을 잘 대변해 주고 있는 듯하다. 고객은 돈에 연연하지 않고 특별함, 즉 가치에 열광하고 있다는 것을 말이다.

이처럼 지금의 사람들은 가치에 지갑을 연다. 그 브랜드와 상품이 가지고 있는 가치를 구입하고 입는 것이다. 가격에 연연하지 않기 때문에 고객의 80%가 비싸도 사고 싶은 제품을 사게 되는 것이다. 돈이 없는 게 아니라 돈을 지불할 가치를 느끼지 못한 것이다. 그 가치에는 내가 느끼는 특별함이 있다.

언젠가 '가치제안'을 주제로 한 교육시간에 영업사원의 사례발표에 웃었던 기억이 난다. "어차피 제품은 필요하고 매번 방문하는 영업사원을 보아야 하는데 이왕이면 잘생긴 저와 거래를 하면 볼 때마다 눈이 즐거운 이득을 보지 않겠어요?"

맞다. 꿀 먹은 벙어리처럼 제품 설명도 못하고 그냥 나올 바에는 말로 재미라도 전달해 가치를 높이는 편이 백번 낫다.

그래서 이 영업사원의 영업결과는 어떻게 되었느냐고? 당연히 고객들은 그에게서 빠져나가지 못하고 그의 담당 거래처가 되었다. 사실 그는 회사가 인정하는 영업사원 중 한 명이었다.

스토리를 담아 가치를 높여라

돈이 없어도 이야기가 있으면 산다

내게는 5명의 조카가 있다. 일찍 결혼한 언니와 남동생의 아들딸이다. 날 많이 닮은 4살 서이는 사진기만 들이대면 기막힌 모델포즈를 취한다. 커서 모델이 된다고 한다. 그래서 옷가게에 걸려 있는 맘에 드는 옷만 보면 엄마에게 사 달라고 조르다가 혼쭐이 나 울곤 한다. 그리고 이 같은 상황은 매번 반복된다.

또 한 녀석은 허공에 있지도 않는 총질을 해 대거나 보자기를 둘러쓰고는 슈퍼맨이 되어 날뛴다. 마찬가지로 매번 혼나면서도 자신이 좋아하는 만화 프로그램이 나오면 모두를 그 채널만 보게 만들어 버린다. 아직은 어리고 이마저도 내 눈엔 귀엽고 예뻐 보여 다행이다.

친구 넷이서 놀러간다고 장을 보았다. 함께 장을 보던 한 친구가 먹지도 않을 파프리카를 카트에 담는다. 우리가 째려보자 그 친구는 색깔이 너무 예뻐서 산다고 했다. 우리는 알고 있었다. 사진에 미쳐 있는 그가 촬영하려고 사는 것임을.

이 모든 것은 관심이 생기면 알게 되고, 알면 조금씩 재밌어지고, 더 재밌어지면 더욱 알고 싶어지는, 우리가 흔히 말하는 덕후, 광팬, 마니아라고 이해할 수 있겠다. 여하튼 이 마니아층은 그들이 몸담고 있는 세계에서 매우 파워풀한 행동을 보인다.

불황일지라도 가격에 상관없이 지속적으로 고객이 찾는 상품들이 있다. 그 상품들에는 찾게 만드는 스토리가 입혀져 있다는 특징에 주목할 필요가 있다. 불황과 가격에 연연하지 않고 팔리는 스토리란 구매자로 하여금 '비싸도 난 좋아'라는 공감을 이끌어내고 있다는 것이다. 어떤 상황에도 굴하지 않는 위의 마니아들처럼 말이다.

때로는 대중성보다 스토리에 힘이 있다

나의 취미는 그림을 그리는 것이다. 아무래도 학부가 미대였으니 직업으로 이어지지 않았던 미련 때문에 계속 그림을 그린 듯하다. 전공을 이어간 친구들은 계속 그림을 그리는 나를 신기해

한다. 뭐 어쨌거나 틈틈이 모인 그림들이 꽤 된다. 내 그림을 본 사람들의 평가는 극명하게 둘로 나뉜다. 좋다 혹은 싫다. 멋있다 혹은 무섭다. 맞다. 일반 사람들이 보기에는 애매모호해 보이고 추상적인 내 그림을 누군가의 표현처럼 괴기스럽다고 할지 모른다. 상관없다. 나는 그림을 그려 파는 사람도 아니고 내가 그리고 싶은 그림을 그리는 것이기 때문이다. 내 그림을 알아주고 좋아해 주는 사람들과 이야기 나누는 것에 만족한다.

어느 날 내 그림을 좋아하는 사람이 자신의 회사에서 진행하는 업무의 일환으로 필요한 캐릭터를 그려 달라고 요청해 왔다. 순간 당황했지만 나름대로 그려서 전달했다. 요청해 왔던 담당자는 너무 흡족해했다. 그런데 다수 동료의 반대의견이 있어 다시 그려 달라며 반환했다. 더 예쁘고 아기자기하게 그려 달라고 한다. 아트 세계는 개성도 강하고 자신의 신념도 강해 나로서는 받아들일 수 없는 요구였다. 어차피 이쪽 일을 하는 사람도 아니고 내가 해야 할 일도 많아 결국 거절하고 말았다. 그렇다. 앞서 말한 것처럼 내 그림에는 대중성이 없었다. 그리고 생각했다. 나는 그림으로 먹고살긴 글렀구나. 고단하긴 해도 교육 일을 하고 있는 게 다행인 거구나.

시간이 흘러 내 그림을 보여 주고 설명하는 시간을 갖게 되었다. 나를 소개하는 자리였다. PT 기회가 잦은 나로서는 시간을 때우거나 분위기 전환을 위해 종종 하는 행동이었다. 많은 사람들이 처음에는 멍하게 그림을 감상하더니 작품 설명이 끝나자

한 사람이 자신에게 그림을 팔라고 한다. 꼭 갖고 싶다는 것이다. 내 그림이 팔리는 그림이라는 것에 놀라고 말았다. "무척 더운 여름에 겨울을 그리워하며 그린 작품입니다. 지금 내가 겪고 있는 이 고통이 말끔히 해결될 것이라는 소망을 품고 그렸습니다. 지금 나는 그 고통에서 벗어났고 여러분께 소개할 수 있어 기쁩니다". 뭐 이런 내용의 소개였다. 소개말은 사실이었다. 하지만 팔려고 했던 의도는 전혀 없었다. "강사님, 누구나 시련이 있기 마련인데 저도 지금 그런 시련을 견뎌가는 과정 중에 있습니다. 그림을 보고 좋다는 생각이 들었는데 그린 과정을 들으니 꼭 갖고 싶다는 생각이 들어요. 제게 팔면 안 되겠습니까? 가격은 얼마든지 지불할게요." 이 사람은 내 스토리에서 감동을 느꼈고 어딘가 모르게 자신의 현재와 공감되는 부분이 있었기에 그림을 통해 더 희망과 용기를 얻고 싶었던 것이다. 정말 간절해 보였다. 도리어 그에게서 감동을 받은 나는 그림을 선물로 주었다.

그에게 내 그림의 스토리가 가치를 더했는지, 잊힐 때쯤 안부를 물어와 나를 놀라게 한다. "전시 안 해요?", "완성된 그림 또 있어요?". 상업적으로 그림을 그리는 사람이 아니라서 그에게 판매할 그림은 없다. 그래도 행복한 고민을 한다. 그가 이렇게 안부를 물어 올 때면 만사 제쳐두고 붓이 들고 싶어진다. 내가 그림 그리기에 몰입한다면 그는 나의 충성고객이 될 것이 틀림없을 것이다.

스토리가 없다면 만들어라

또 다른 서비스를 제공해서라도 스토리를 만들어 내는 경우도 있다. 그렇게 해서라도 브랜드 가치가 상승되고 충성고객을 확보할 수만 있다면 성공적이지 않을까? 그 대표적인 예가 바로 복합기 산업이다.

후지제록스는 우리가 알고 있다시피 복합기 제조사다. 1990년대에 산업 내 경쟁자가 증가하다 보니 성장이 둔화될 수밖에 없었다. 고민 끝에 복합기 사용 고객이 어떤 어려움을 겪고 있는지를 조사하였다. 잦은 고장으로 고객들이 사용을 기피한다는 것을 알게 되었다. 그래서 이를 해결하기 위해 '제록스 글로벌 서비스'라는 부서를 마련했다. 복합기 판매에 그치지 않고 이 부서를 통해 고객의 불편함까지 해결해 주기 시작한 것이다. 게다가 기업의 문서관리 등의 문제점을 찾아 해결해 주고 관련 컨설팅까지 진행하였다. 사용자들에게 이 같은 서비스 스토리가 전해지면서 후지제록스는 고객의 사랑을 받기 시작했다. 그 결과 2014년에는 이 부서의 활동 부문이 총 매출의 40%나 차지할 정도로 고객의 큰 호응을 받게 되었다. 아시아·태평양 12개 나라에서는 고객만족도 1위를 달성하기도 하였다.

이 밖에도 스토리라는 강력한 도구를 이용하여 브랜드 가치를 올리고 충성고객을 확보하는 기업들이 많이 있다. 스토리가 담긴 가치는 공감을 끌어내어 충성고객으로 이어지기 쉽기 때문이다. 충성고객 유치가 고민인가? 그렇다면 스토리를 담아 공감을 끌어내는 가치를 제공하라. 그것도 아니라면 후지제록스처럼 핵심 제품으로 고객에게 줄 수 있는 새로운 서비스는 무엇이 있는지 생각해 보라. 스토리야말로 자신과 제품을 세상에 알리기에 가장 효과적인 방법이다.

착한 서비스맨이 실패하는 7가지 이유

나의 아버지는 "사람 좋다", "착하다"는 말을 많이 들으셨다. 이렇게 말하니 참 듣기 좋다. 하지만 착한 가장 이면의 우리 가족은 희생의 연속인 삶을 살았다. 평생 남들에게 싫은 소리 한 번 못하신 아버지는 여기저기에서 오는 부탁 하나 거절 못 해 몇 차례 보증을 서셨다. 그리고 그 피해는 고스란히 우리 가족에게 돌아왔다. 표현하지 않아도 느낄 수 있다. 결혼 40여 년의 세월 속에 남겨진 어머니의 피멍과 지금도 어쩌지 못하는 아버지 자신의 고통을.

문득 '사람 좋다'는 거, '착하다'는 거 정말 괜찮은 말인지 생각해 보게 되었다. '착하다'의 사전적 의미를 찾아보니 '언행이나 마음씨가 곱고 바르며 상냥하다'라고 나온다. 역시 좋은 말이다. 인간이라면 누구나 이런 '착한 사람'을 원한다. 기업의 조직도 마찬가지다. 그래서 착하지 않은 사람도 착해 보이려고 노력하며 사는 세상이다.

기업이 원하는 인재?

내가 인생의 멘토로 여기는 H언니가 있다. 사회에 첫발을 내딛고 아직은 조직생활에 어리숙했을 나에게 잘 적응하는 방법들을 일러주었던 언니였다. 자신이 먼저 걸어간 길이니 직접 겪었던 경험을 빗대어 설명해 주곤 했다. 그래서 그런지 이해가 잘 되었다. 조직생활이란 게 원래 그래서 나만 이런 일을 겪고 힘든 게 아니었다는 것을 공감하면서 내심 위로도 받았다. 덕분에 힘들었을 일들을 그나마 수월하게 이겨내고 견딜 수 있었다. 나에겐 정말 고마운 언니였다.

직장인이라면 누구나 경험할 것이다. 일보다 사람과의 갈등이 더 힘들다는 것을. 언제 한번은 상사가 내게 보이는 부당함을 견딜 수 없어 H언니에게 하소연을 했다. 언니는 조용히 듣더니 이런 말을 해 주었다.

"옳고 그름의 문제는 상사의 역할이니 너는 그냥 아랫사람으로서 시키는 일을 잘 하면 돼. 알고도 모른 척, 몰라도 모른 척하는 게 무엇보다 중요해. 누구나 겪는 일이야. 시간이 갈수록 이 같은 일들은 더 많아지고 감당해야 할 거야. 그러니 힘들어할 필요도 죄책감을 가질 필요도 없어."

간략하게 표현했지만 언니의 자문은 여느 때와 마찬가지로 긴 시간의 통화로 이어졌다. 언니는 순전히 내 편의 사람이었으므로 시시콜콜한 대화로 이어졌을 수 있다. 어쨌거나 긴 대화 속에서 발견한 직장생활을 잘하는 방법, 조직이 원하는 사람은 결국 위에서 검색해 보았던 '착한 사람'의 정의와 매우 유사했다.

좀 더 구체적으로 표현해 보면, 필요에 의해 움직이고 상황에 맞게 행동하되 불평하지 않는 사람, 소외되거나 무시당해도 싫은 내색하지 않고 그날이 그날인 것처럼 있는 사람, 시키는 일은 목숨을 다해 감당하지만 도를 넘지 않는 사람, 성과에 비해 터무니없는 대가를 받지만 그것조차도 감사하며 순응하는 사람. 조직은 그런 사람을 원한다. 가라면 가고 오라면 오는 사람! 하라면 하고 웃으라면 웃는 사람! 그래서 자신의 생각이나 주장은 전혀 없고 누구에게나 착하다고 인식되는 사람. 이것이 내가 이해한 조직이 원하는 사람이었다.

착해서 같이 일하기 힘든 사람

참 사람 좋은 동료를 둔 적이 있었다. 어찌나 착한지 거절을 못하는 성향이었다. 주위 사람들이 다 그를 좋아했다. 이런 저런 부탁에도 거절을 못 하니 많은 사람들의 일을 받아 하다가 퇴근이 늦어지는 건 일상이 되어 버렸다. 바빠진 그로 인해 정작 우리 팀의 일은 나와 다른 동료들이 더 많이 챙겨야 하는 상황이 잦아졌다. 그렇다고 회사일로 바쁜 그를 딱히 뭐라 할 수도 없는 노릇이었다. 하루이틀 시간이 지나갈수록 나와 동료들의 불만은 커져 갔다. 팀의 눈치를 안 볼 수 없는 그 역시 스트레스를 받았을 것이다. 안 그래도 회사라는 곳은 사람과 끊임없이 부딪혀야 하는 숨 막히는 공간인데 착한 그로 인해 여기저기의 온갖 갈등이 우리 팀으로 모아지기 시작했다. 회사를 오래 다니려면 여러 가지 것들에 무뎌져야 하는 것도 맞지만 쌓이는 스트레스가 저절로 해소되진 않는다. 쌓인 독은 언제 터질지 모른 채 자리를 잡아 갔을 것이고 퍼진 독은 몸과 마음을 한순간에 무너트렸다. 결국 착한 그는 회사를 오래 다니지 못했다. 헤어지는 술자리에서 자신도 어쩔 수 없음을 이야기하는데 내 마음은 안타까워 한없이 아팠다.

착한 사장이 실패하는 7가지 이유

자영업을 하는 분들의 모임에서 '착한 사장이 실패하는 7가지 이유'라는 재미난 글을 보게 되었다. '착한 사람들의 7가지 특징'은 내가 생각하는 것과 너무도 같았다.

(1) 누구에게나 좋은 사람이 되고 싶어 한다

누구에게나 좋은 사람이 된다는 것은 불가능하다. 세상은 나와 너무도 다른 다양한 사람들이 사는 집단이기 때문이다. 때때로

냉정하고 단호하게 대처하고 싸워야 할 필요가 있다는 의미일 것이다. 그렇지 못할 때 그것은 착한 게 아니라 우유부단한 것이다. 즉, 그 주변인이 피해를 보기 때문에 결국 나쁜 사람인 것이다.

(2) 거절하지 못한다

착한 사람들의 가장 큰 특징이 거절을 잘 하지 못한다는 것이 아닐까 싶다. 자신이 거절하면 상대방이 모욕을 느끼거나 실망을 할 것이라는 생각을 한다. 대부분의 정중한 요청들은 거절을 받아들일 준비를 하고 있다는 것을 기억해야 한다. 욕심 섞인 부탁이야말로 들어준다 한들 뒤에서는 비웃고 욕한다. 거절에도 연습이 필요하다. 적절한 거절은 당신의 가치를 높여 주는 효과가 있다는 걸 기억하자.

(3) 쉽게 양보한다

명분이 있는 양보는 필요할 수 있다. 하지만 습관적인 양보는 상대가 나를 함부로 대해도 된다는 인식과 함께 당당히 양보를 요구하는 사람만이 주변에 남는 결과를 가져온다. 내 현재의 모습은 결국 스스로가 만들어 낸 것이다. 내가 오늘 한 생각과 행동대로 내일을 살게 될 것이다.

(4) 혼내지 못한다

상대방에게 싫은 소리를 못하면 결국 혼자 일을 다 해야 한다는 결론이 나온다. 그렇다면 끙끙대며 불평하지 말아야 하는 것이다. 그럼에도 불구하고 불평이 가득한 채 일하는 것은 참 바보스러운 모습이다.

(5) 지나치게 염려한다

지나친 걱정은 나쁜 바이러스다. 본인뿐 아니라 주변의 상황까지 악화시켜 걱정하는 생각이 현실이 되어 버린다.

(6) 항상 웃는다

웃지 말라는 이야기는 아니다. 지나친 인자함, 즉 어느 상황에서나 웃어넘기는 모습은 상대가 너무 쉽게 볼 수 있다는 의미이다. 시기 적절하게 필요 시에는 프로다운 모습의 위엄이 필요할 때가 있다.

(7) 도움 청하길 힘들어한다

세상에 혼자 할 수 있는 일은 극히 드물다. 조직의 기본은 개인이 아니라 팀이다. 도움을 청하기 어려워하는 품성은 어떤 비즈니스도 불가능하다.

어느 성공자의 입에서 '본성이 착한 사람보다는 개성이 분명하고, 성질 좀 부릴 줄 아는 사람이 훨씬 잘 산다'는 말을 들었다. 무엇을 이야기하는지 알겠다.

어제는 결혼한 친구의 오랜만의 전화로 수다가 끝날 줄 몰랐다. 나는 아직 결혼을 하지 않았지만 효심이 가득한 남편을 둔 친구들이 유독 한숨을 쉰다는 사실도 알게 되었다.

사회와 조직이 착한 사람을 원하니 모두가 착한 사람이 되려고 노력하는 게 맞는 것일까? 그런데 참 이상하다. 착한 사람은 물론 착한 사람의 주변에조차 피곤한 일이 생기니 말이다. 착하다는 것, 이게 정말 좋은 것일까? 앞에 나열한 착한 사람들의 7가지 특징을 보니 많은 이들이 '착하다'의 개념을 잘못 이해하고 있는 듯하다. 우리가 바라는, 진정한 착한 사람은 이러한 모습이 아니다! 서두에 '착하다'의 사전적 의미를 안내했다. 하지만 그 의미에는 '언제나', '항상'이라는 말은 없다. 평소 '언행이나 마음씨가 곱고 바르며 상냥'한 사람은 옳다. 하지만 모든 상황에서 그러라는 말이 아니다. 이는 타인의 평가에 예민하고 갈등을 회피하려는, 그래서 누구에게나 착한 사람으로 남기 위해 자신의 감정을 솔직히 표현하지 못하고 타인을 위해 지나치게 노력하는 '착한사람증후군'에 지나지 않는다.

타인에게 잘 보이려는 수동적인 지옥 같은 삶을 멈추고, 적극적이고 자신을 사랑할 줄 아는 능동적인 행복한 삶으로 살아야 한다. 직장 내 착한 서비스맨은 결코 인정받는 직원이 될 수 없다. 이는 분명 결과가 말해 줄 것이다. 진정한 '착하다'의 의미를 알고 받아들일 때 진정한 서비스맨으로 성공할 수 있다.

거절당하기를 두려워 마라

두려움 때문에 놓친 기회들

"여자들은 도대체 왜 그러냐? 나도 멜 깁슨처럼 여자 마음을 읽을 수 있다면 정말 좋겠어!"

소개팅에 나가서 잘된 줄 알았는데 결국 차이고선 내게 와 영화를 빗대어 씩씩대던 친구의 말이었다. 2011년에 개봉한 영화 〈왓 위민 원트〉는 주인공 멜 깁슨에게 어느 날 갑자기 여성의 마음을 읽는 초능력이 생긴 상황을 다룬 이야기이다. 친구는 그 후로 오랫동안 거절에 대한 두려움 때문에 좋아해도 좋아한다는 고백을 하지 못하며 지냈다. 그러고는 시간이 지나면 용기가 없었던 자신을 후회하며 괴로워했다. 안타까웠다. 친구랍시고 바보 같다며 위로 아닌 위로를 해 주었다.

언제부턴가 내게서 그 바보 같은 친구의 모습을 발견하게 된다. 삶 곳곳에서 결과에 대한 두려움 때문에 많은 기회들을 놓치고 또 놓치기를 반복하고 있는 내 모습을 말이다.

까칠한 고객 = 내게만 친절한 고객

J회사에서 S사원은 실적 좋기로 소문난 사람이었다. 그의 영업 사례발표를 통해 그 이유를 알게 되었다. 그는 새로운 약국을 자신의 거래처로 만들기 위해 여느 영업사원들처럼 계획적으로 자주 방문하였다. 방문하여 당당히 인사를 하고는 잠깐의 시간을 두면서 약사의 반응을 살핀다고 하였다. 고객 성향을 관찰하는 그만의 노하우였다.

약사들은 여러 회사에서 매일같이 방문하는 영업사원들 때문에 일단 거절부터 한다고 했다. 문전박대를 당한 수많은 영업사원들이 여기서 실망과 좌절을 맛본다. 하지만 그는 거부하는 약사들이야말로 정말 고마운 분들이라며 나와 청중의 시선을 주목시켰다. 자신을 강하게 거부하는 약사는 자신뿐 아니라 경쟁사 영업사원이 와도 똑같이 거절을 할 테니 도리어 영업을 할 맛이 난다는 것이었다.

과연 새로운 접근과 발상이었다. 누구에게나 잘해 주는 약사는 당장 상처는 안 받지만 역으로 생각해 보면 경쟁사 영업사원에게도 잘해 준다는 의미인 것이다. 그래서 그는 이렇게 까칠한 고객이 끌린다고 했다. 더 거래를 하고픈 충동을 느낀다고 했다. 어떻게든 자신의 거래처가 되면 경쟁 영업사원들을 와도 이처럼 까칠하게 떨쳐낼 테니 말이다.

그는 공릉동에 거래처가 하나 있다. 언젠가 방문을 했더니 경쟁사의 '수시 반품 받습니다'라는 전단지를 보이며 "난 이런 유혹에도 안 넘어가요~"라며 그를 다독여 주었다는 것이다. 그간의 수고스러운 관리도 관리였겠지만 그를 보고 거래를 시작한 이상 끝까지 믿음을 주는 고객은 거절이 강해 어렵다고 생각했던 까칠한 고객이었던 것이다. 그래서 그는 거절을 즐긴다고 했다. 정말 프로라는 생각을 했다.

그러고 보니 거절을 두려워하는 사람치고 영업을 잘하는 사람이 없었다. 영업사원을 위한 교육을 진행하기 위해 이것저것 뒤지고 관련 서적을 많이도 읽었다. 각 분야의 모든 세일즈맨들의 공통적인 특징이기도 했다. 유명한 보험왕이나 자동차 딜러들은 모두 거절을 두려워하지 않았다. 위의 S사원처럼 오히려 즐겼다.

SMI 설립자이자 20대에 보험 세일즈로 백만장자가 된 폴 마이어는 "나는 한 고객에게 무려 130번의 거절을 당했지만 결국 그 고객에게 판매했다. 고객의 거절은 자신을 단련시키기 위한 채찍질이라 생각해야 한다"고 말했다. 일본 최대 보험사 일본생명의 톱 세일즈우먼 이이즈카 데이꼬는 "고객의 거절에 당황하거나 실망해서는 안 된다. 고객의 거절은 지극히 당연한 것으로 받아들이는 자세가 중요하다"라고 하였다.

성공한 사람들의 대부분은 살아오면서 일반 사람들보다 훨씬 더 많은 거절의 경험이 있었다. 그리고 하나같이 모두가 거절의 두려움을 이겨내고 심한 거절을 당했을지라도 이에 굴하지 않고 계속해서 시도하고 다시 시작했다.

어느 세일즈맨의 고백을 통해 100대 3의 법칙이라는 재미난 사실도 알게 되었는데, 100번의 거절 안에는 세 번의 Yes가 반드시 있다는 것이다. 거절을 두려워하지 않고 계속 당하다 보면 100명 중 세 사람 이상은 반응을 보인다는 말이다. 그래서 더 많은 거절을 통해 성공의 확률을 높이려 한다는 말에 감동을 했다.

'모든 사람이 다 거절하는 것은 아니다'. 참 긍정적이고 용기를 주는 말이다. 이러한 법칙을 잘 알고 있기에 거절을 두려워하거나 피하지 않을 수 있는 게 아닐까.

거절당했을 뿐, 잃은 건 없다

어디 이게 영업사원에게만 해당될까. 생각해 보면 우리 모두에게 해당되는 말이다. 우리의 삶은 요청과 거절의 연속이다. 거절당했다고 해서 손해 보는 것도, 돈을 잃는 것도 아니다. 사람을 잃는 것도 아니다. 따지고 보면 아무것도 잃은 것도 없고 손해 보는 것도 없다. 그런데 거절당할까 봐 지레 겁먹고 두려워한다.

설령 거절당한들 자존심이 상할 뿐이다. **자존심 상한다고 무엇인가를 시도도 하지 않는다면 시도해서 얻게 될 경우의 모든 것을 잃게 되는 것이다.** 자존심 하나에 우리는 너무도 큰 것을 잃는 경우가 많다. 앞에서 잠깐 언급했던 톱 세일즈우먼 이이즈카 데이꼬의 말처럼 거절은 도움을 요청받는 사람의 당연한 권리라고 생각해야 한다. 그렇게 되면 상대의 권리를 존중하는 것이 된다. 입장을 바꿔 보아도 그렇지 않겠는가. 거절을 어떻게 생각하느냐에 따라 상처받을 수도 있고 상처받지 않을 수도 있는 것이다. 타인의 거절에 익숙해져야 한다. 거절당할까 봐 두려워하고 자존심 상해할 필요가 전혀 없다.

고도 토키오의 『부의 추월차선: 직장인』은 '도전하는 사람들의 세 가지 관점'을 잘 설명해 놓았다. 직장인에게도 도전할 용기를 주기에 충분해 보인다.

그들은 왜 '밑져야 본전'이라는 자세로 도전할 수 있는 것일까? 그것은 그들이 세 가지 관점을 갖고 있기 때문이다.

첫 번째는 '일단 말해 보는 것은 거저다', '머리 숙이는 것은 공짜다' 하는 현실적이면서도 합리적인 관점이다. 목적이 분명한 사람은 이런 일로 자존심 상해하지 않는다. 자신의 제안이 거절당했다손 치더라도 자신이 거부당한 것은 아니라는 것을 알기 때문이다.

두 번째는 상대방에게 거절을 당하더라도 제안 내용이 부정되는 것뿐이며, 자신의 인격까지 부정당하는 것이 아니라는 발상을 할 수 있는 관점이다. "좀 더 싸게 안 될까요?"라는 말이 거절당했을 땐 그 가격이 타협이 안 되었을 뿐 자신의 인간성은 아무 타격을 받지 않는다. 물론 터무니없이 싸게 해 달라고 했으면 이상한 사람으로 보일 수도 있지만 말이다.

세 번째는 '그렇게 함으로써 무슨 일이 일어났는가?'를 구체적으로 상상하는 관점이다. 일단 해 봐서 잘 안 될 때는 '어떤 리스크가 있을 수 있는가?' 상상해 보면 걱정은 줄어든다. '이걸 해서 안 되더라도 이 정도 손해 보는 정도라면 해 보자.' '잘 안 되더라도 상사한테 잠깐 혼나고 말지, 뭐. 최악의 경우 시말서를 쓰면 되고'라는 식으로 자신에게 닥칠 리스크와 회피 방법, 대처 방법을 상상하며 모든 경우의 수를 미리 가늠해 볼 수 있기 때문에 편한 마음으로 도전할 수 있으며, 그 결과 풍부한 경험을 쌓아서 기술과 능력을 향상시킬 수 있다.

이렇듯 '밑져야 본전'이라는 사고방식을 갖고 있는지의 여부가 눈앞에 닥친 일의 속도부터 미래의 발전 가능성까지 크게 변화시킨다. 따라서 앞에서 말한 세 가지 관점을 스스로 내재화함으로써 밑져야 본전이라는 자세로 어떤 말이나 일도 편하게 할 수 있고 그 결과 일 처리가 빨라지는 체질로 변환되는 것이다.

나는 참 결과에 대한 두려움이 큰 사람이었다. 그래서 고민도 깊고 길었다. 결국 해야 할 일들만 쌓이고 아무것도 남지 않았다. 지체된 시간만큼 나 스스로가 스스로를 무척 힘들게 할 뿐이었다. 이제는 성공자들의 생각과 태도를 내 것으로 만들기로 했다. 그래서 강연만이 아니라 내 이름으로 저서를 내기로 마음먹었다. 오래도록 미루고 있던 일이다. 글을 쓴다는 것은 고단하지만 내가 세상을 떠난 뒤에도 여전히 살아남아 다른 이들의 삶에 커다란 영향을 미칠 수 있다는 걸 깨달았기 때문이다. 더 이상 나는 결과를 두려워하지 않는다. 왜? 밑져야 본전이니까.

올해로 15년 차 교육에 종사하며 살아가고 있다. 나를 소개할때 "스타메신저 김경진입니다"라고 인사말을 한다. 교육 일에 종사하다 보니 궁극적으로는 최고의 메신저로 살아야겠다는 소망을 가지고 있었다. 그런데 브렌든 버처드의 《메신저가 되라》를 읽고 '백만장자 메신저'가 되리라는 명쾌한 꿈을 꾸게 되었다. 브렌든 버처드가 일러준 백만장자 메신저의 의미는 다음과 같다.

- 메신저: 자신이 가진 경험과 지식을 메시지로 만들어 다른 이들에게 전달하는 사람
- 백만장자 메신저: 나만의 메시지로 사람들에게 영감을 불러 일으키며 세상을 위해 큰 가치를 만들어내는 메신저

왠지 모르게 '백만장자'라는 말보다 내게는 '스타'라는 말이 더 와 닿아 나만의 방식으로 바꿔 그 의미를 사용하는 것뿐이다.

생생하게 꿈꾸면 이루어진다고 했다. 오늘도 '스타메신저'가 될 것이라는 생생한 꿈을 꾸며 한 줄 한 줄 써내려 간다.

거절을 두려워하지 않고 즐긴다는 것. 사례 속 주인공들이 이런 자세로 일을 하니 결국 성공할 수밖에 없었던 것이다. 당신도 그동안 마음으로는 하고 싶었지만 거절과 실패가 두려워서 하지 못했던 일들을 한 번 시작해 보면 어떨까?

고객에게 건네는
당신의 말을 다듬어라

마음을 움직이는 언어를 디자인하라

말 한마디가 준 큰 위로

'노블레스 오블리주'

몇 해 전, 직속 상사였던 부사장께서 이런저런 업무 피드백과 갈등 속에 힘들어 보였을 나에게 책무감으로 조심스레 해 주었던 말이다. 그 후로 오랫동안 나는 두 가지, 선과 악, 진실과 거짓, 옳고 그름에 대해서 진지하게 생각했다. 그리고 나를 노블리스로 평가해 준 부사장께 감사하며 살게 되었다.

아직은 추위가 가시지 않았던 2월 어느 날, 내게 억울함을 하소연하는 그에게 '노블레스 오블리주'라며 위로를 남겨 주었다.

노블리스 오블리주(Noblesse oblige)는 '귀족은 의무를 진다'는 뜻의 프랑스어 표현이다. 이 표현은 프랑스의 작가 겸 정치가였던 레비 공작 피에르 가스통 마르크(Pierre Marc Gaston de Lévis)가 자신의 저서 『격률과 교훈』에서 높은 사회적 신분에 상응하는 도덕적 의무를 표현하며 처음 쓴 것으로 알려져 있으나 프랑스보다는 우리나라에서 '큰 힘에는 큰 책임이 따른다'는 의미로 쓰이고 있다.

짧다면 짧지만 내가 삶에서 배우고 느낀 건 그랬다. 삶이란 굿뉴스(Good news)와 배드 뉴스(Bad news)의 연속이다. 좋은 일에는 정말 탈도 많았다. 그래서 나는 좋은 일에는 방해가 많이 따른다거나 좋은 일이 실현되기 위해서는 많은 풍파를 겪어야 한다는 의미의 사자성어 호사다마(好事多魔)를 되새기며 대처하려고 노력하게 되었다.

사실 나는 그가 노블레스인지는 모른다. 부사장을 상사로 모시는 동안 그의 카리스마와 리더십에 물들어 나도 모르게 조심스럽게 표현된 말이었다. 시간이 흘러 마음을 추스른 그는 내게 감사의 인사말을 전해 왔다.

한마디로 사람을 얻다

무척 더웠던 올여름은 어느 때보다도 커피숍에 사람들이 몰렸던 것 같다. 더위를 피해 커피숍에서 미술 스터디가 진행되었다.

처음 참석하게 된 어떤 여성분과 이런저런 이야기를 나누었다. 갑자기 그녀가 눈물을 흘린다. 순간 당황스러웠지만 나와 친하게 지내고 싶다며 내 연락처를 묻는 그녀에게 번호를 건네주었다.

별말은 아니었다. "미술이 그리워 이 모임에 왔어요. 미술을 전공했지만 전혀 다른 일을 하고 있어서 항상 마음이 아프거든요"라는 그녀의 말에 "저와 같네요. 그 마음이 얼마나 아픈지 저도 잘 알아요. 함께 즐겁게 모임 가져요"라고 내가 대꾸했을 뿐이었다.

사실이었다. 대학을 졸업하고 유학을 준비하였지만 여러 사정과 이유로 가지 못했다. 그러곤 몇 개월 식음전폐로 부모님 속을 썩였다. 그때는 어리석게도, 남들보다 경쟁력이 없어져 성공하지 못할 거라는 두려움에 사로잡혀 있었다. 지금의 나 역시 디자인을 전공했지만 전혀 다른 교육 일을 하고 있다. 과거의 아픈 경험은 남들보다 뒤처지면 안 된다는 열등감으로 살게 만들었다. 그래서 주어진 모든 일에 최선을 다하고 열심히 배우려는 태도로 살게 되었다. 세상의 성공자들에 비하면 아무것도 아니겠지만 덕분에 나는 더 많은 경험과 재능을 갖추게 되었다. 이미지메이킹이나 퍼스널컬러 등의 과목까지 섭렵하고 대학생들에게 디자인 과목을 가르치기도 했다. 열심히 하다 보니 결국 전공 분야도 일과 연관되어지는 놀라운 경험을 하게 된 것이다. 모든 일을 대하는 태도가 중요하다는 이론을 피부로 경험하게 되었다.

어쨌거나 그녀와 나는 꾸준한 연락을 주고받는 사이가 되었다.

이와 같이 말 한마디로 상대의 마음을 얻는 경험을 종종 했다.

마음을 움직이는 공감언어

버락 오바마는 청중의 마음을 움직이는 언변가로 정평 나 있다. 그는 미국 역사상 최초로 탄생한 흑인 대통령이다. 2017년, 8년의 임기를 마친 그는 역대 가장 위대한 대통령 중 한 명이라는 평가를 받았다. 지도자로서 그가 보여 준 능력은 많다. 그중에도 정치계에 등장하자마자 그를 한 번에 벼락 스타로 만들어 버린 그의 연설은 으뜸으로 꼽는다. 이어지는 그의 연설은 그때마다 많은 주목과 사랑을 받았다. 그만의 특유 메시지 전달법에는 시적인 운율의 적절한 사용이나 리듬감을 통한 반복기법 등이 있다. 그중에도 연설자인 자신과 청중을 하나로 묶어 버리는 공감연설은 단연 최고가 아닌가 싶다. 바로 그가 자주 사용하였던 '우리 메시지'이다. 예컨대 "우리는 전혀 새로운 방향으로 이 나라를 이끌어 갈 준비가 되어 있습니다"와 같이 말이다. 이 같은 표현 방식은 상대의 마음을 부드럽게 움직임으로써 자연스럽게 주도권을 쥘 수 있도록 하였다.

이처럼 우리가 사용하는 언어에는 상대의 마음을 움직이게 할 수 있는 마법이 숨어 있다. 이 마법은 무엇이었을까? 그리고 이 마법을 어떻게 사용하고 활용해야 할까? 마법의 비밀은 바로 '공감'에 있었다. 내 말에 눈물을 흘리던 여인이나 오바마의 연설 속에는 듣는 이와의 공감을 끌어내는 언어가 숨겨져 있었다. 가령 내가 여인에게 했던 "나도 당신의 마음 잘 알아요"라든가 오바마가 연설 속에서 청중과 하나로 묶어 버렸던 '우리 메시지'같이 상대의 마음을 이해해 주었던 공감의 언어습관들 말이다.

언어는 어떻게 사용하느냐가 매우 중요하다. 그래서 우리나라 유명한 속담 '말 한마디로 천 냥 빚을 갚는다'는 이러한 말의 중요성을 잘 일러주고 있는 것이다. 당신은 어떤 말을 하면서 일을 하고 있는가? 상대의 마음을 움직이는 언어를 디자인하라.

공감으로 고객의 마음을 얻어라

아래 두 예시가 있다. 상대의 마음을 공감해 주는 대화를 완성해 보자. 당신이 B라고 생각하고 답을 골라 보라.

상황 1 **엄마와 아들의 대화**

A: (시무룩하다) "이번엔 시험공부 나름 열심히 했는데 결과를 보니 지난번보다 성적이 더 나빠졌더라고요…"

❶ B: "열심히 공부를 했는데도 성적이 좋아지지 않았다면 아마도 공부하는 방법에 문제가 있는 모양이구나."

❷ B: "너는 최선을 다해서 공부를 했는데 지난번보다 성적이 더 나빠졌다면 몹시 실망이 크겠구나."

❸ B: "그럴수록 좌절하지 말고 더 열심히 공부를 해야 하지 않겠니?"

❹ B: "무슨 과목인데 그렇게 힘이 들었니?"

A: "교육비가 왜 이렇게 비싼가요?"

❶ B: "저는 전산파트라 아무것도 모릅니다. 담당자에게 말씀하세요."

❷ B: "금시초문인데요?"

❸ B: "○○교육을 희망하시는데 비용 때문에 고민되시죠?"

❹ B: "벤치마킹해 보셨나요? 저희가 결코 비싼 게 아닙니다."

　정답을 찾았는가? 정해진 답은 없다. 하지만 위의 상황에서 상대의 마음을 공감해 주는 정답은 순서대로 ②번과 ③번이다. 나머지는 화자인 B의 입장에서의 말을 하고 있다는 것을 발견할 수 있어야 한다. 하지 말라는 이야기가 아니다. 일단 상대의 마음을 얻고 난 다음 대화를 이어가야 한다는 말이다.

끌리는 표현의 달인이 돼라

말하지 않아도 알 수 있는 마음은 없다

살면서 후회되는 과거의 기억이 있다면 표현하지 않아 사랑을 이루지 못했던 경험이다. 학창시절 여름캠프를 갔다가 한 남자에게 프로포즈를 받았다. 자기소개를 하는 시간이 있었는데 내 소개에서 내가 다니는 교회명을 기억하고는 교회로 나에게 편지를 보낸 것이다. 하지만 수줍어서 공부를 열심히 한 후 만나기로 마음먹고 3년 후쯤 만나자 제의를 했다. 대학에 들어갔고 머릿속에는 항상 그가 있었다. 3년이 지난 어느 날 타인을 통해 나를 찾는다는 그의 소식을 들었다. 오랜 시간 속에서도 나를 잊지 않고 기억해 주고 있었음에 감동을 받았다. 반가웠고 시간 앞에 현실이 당황스럽기도 했다. 하지만 어리석게도 왜 직접 나를 찾지 않고 타인을 통해 찾나 싶어 소극적으로 대처했다. 솔직히 말하면 표현할 줄 몰랐다고 해야 맞을 것이다. 그렇게 하면 적극적으로 나를 더 찾아 주고 더 다가와 줄 거라 생각했다. 그리고 몇 년이 흘러 그가 결혼했다는 소식을 듣게 되었고 꽤나 오랫동안 표현하지 않았던 나의 어리석음과 소극적인 나의 태도에 괴로워해야만 했다.

우리는 흔히 내가 말하지 않아도, 보여 주지 않아도 상대가 알아주겠지 착각한다. 이런 착각은 상대에게 기대를 하게 만들고 기대는 또 따른 오해와 착각을 만들어 내면서 결국에는 큰 문제를 가지고 온다. 왜 오해를 만들고 문제를 가지고 오는가? 그것은 당연하다. 상대방은 '독심술가'가 아니다. 내가 내 입장에서 해석하듯이 상대도 상대 입장에서 해석하고 나에게 또 다른 기대를 한다.

노래 「갑돌이와 갑순이」를 아는가? 가사는 이렇다.

1절 갑돌이와 갑순이는 한 마을에 살았더래요
둘이는 서로 서로 사랑을 했더래요
그러나 둘이는 마음뿐이래요
겉으로는 음음음~ 모르는 척했더래요

2절 그러다가 갑순이는 시집을 갔더래요
시집간 날 첫날밤에 한없이 울었더래요

갑순이 마음은 갑돌이뿐이래요

겉으로는 음음음~ 안 그런 척했더래요

3절 갑돌이도 화가 나서 장가를 갔더래요

장가간 날 첫날밤에 달 보고 울었더래요

갑돌이 마음은 갑순이뿐이래요

겉으로는 음음음~ 고까짓 것 했더래요

많은 이들이 재미 삼아 흥얼거리는 노래다. 그런데 가사 속에 등장하는 갑돌이와 갑순이는 서로 사랑하는 사이임에도 불구하고 표현하지 않아 각자의 삶을 살게 된 불행한 결말의 주인공들이다. 스스로가 모른 척하고 안 그런 척 해 놓고 달 보며 울고불고 해 봐야 소용없는 게 아니겠는가. 결과가 무서운가? 시도해 보지 않고 불행을 맞이하는 것보다 시도해서 좋은 결과나 해결책을 찾는 편이 훨씬 낫다. 좋은 결과나 해결책을 찾지 못하더라도 미련은 남기지 않을 수 있으니 말이다. 사랑 표현을 많이 하지 않는 자가 이별 후에 더 미련이 남는다고 하지 않는가. 아마도 갑돌이와 갑순이는 평생을 미련 속에서 살아갈 테다.

비즈니스도 마찬가지다. 아무리 서비스를 강조해 봐야 제대로 표현되지 않으면 소용없다. 인간은 '자기중심성'이 강해 자신이 보고 싶은 것만 보고 믿고 싶은 것만 믿는 경향이 강하기 때문에 상대가 보지 않고 당신을 알아줄 리가 없다. 바꿔 말해 당신도 보지 않고 상대를 미리 알아주지 않는 것처럼 말이다.

몸짓은 말에 강한 호소력을 더한다

상대를 끌리게 하는 방법에는 여러 가지가 있다. 표현은 대게 어떤 말을 꼭 해야 한다고 생각할 수 있지만 그렇지 않다. 아무리 언어가 달라도 우리는 소통을 할 수 있다. 무엇으로? 바로 몸짓, 보디랭귀지(Body language)다. 길어지는 회의시간에 누군가가 "시간이 다 되었습니다"라고 말하면서 시계를 가리키는 손짓을 한다. 몸짓이 클수록 그 말은 강한 호소력을 가진다. 소통에 있어서 말보다 몸짓의 표현이 더 강력한 도구가 되기도 하는 것이다. 이처럼 어떤 대화라도 말과 몸짓은 함께하기 마련인데 상대방이 표현한 몸짓을 잘 관찰해보면 현재의 상태를 더 잘 파악할 수 있다. 말로 하는 소통을 '언어적 소통'이라고 한다면, 말 이외의 요소, 즉 몸짓이나 겉모습, 인상, 목소리 톤이나 크기 등으로 하는 대화를 '비언어적 소통'이라고 한다.

유명한 미국의 심리학자 앨버트 메라비언(Albert Mehrabian)은 첫인상에서 호감을 불러일으키는 요소에서 시각 정보의 몸짓이 무려 55%나 차지한다고 말하였다. 여기서 나는 '처음 만난 사람도 끌리게 하는 비언어적 표현 노하우 4가지'를 소개하고자 한다.

(1) 표정

사람은 기본적으로 밝은 표정에 호감을 갖는다. 첫 대면에서 가장 먼저 보이는 부분이기 때문이다. 과거의 나는 항상 화났냐는 등 불만 있냐는 등 하는 말을 많이 들었다. 사회생활 첫발을 내딛은 직장에서 CS 교육 업무가 주어진 통에 혹독한 웃는 표정의 훈련을 받아야 했다. 그리고 지금의 나는 '인상이 좋다', '선해 보인다'는 말을 자주 듣게 되었다. 가끔은 나도 모르게 그냥 웃고 있는 내 모습을 발견하곤 한다. 물론 선천적인 성향이 쉽게 없어지는 것은 아니므로 의식적으로 웃지 않으면 또다시 차가운 이미지를 풍기게 된다. 뇌 학자들은 우리의 뇌가 진짜와 가짜를 구별하지 못한다고 하였다. 그래서 가짜로라도 웃으려고 노력한다. 웃으면 상황이 바뀌고 주변이 나에게 호감을 갖는다는 것을 너무도 많이 경험했기 때문이다. 웃어라. 억지로라도 노력하면 좋은 결과를 얻을 수 있다. 물건을 살 때도 보기에 좋아야 손이 먼저 간다.

시골마을의 작은 상점에서 세계 최대 유통기업으로 성장한 월마트의 성장 배경에는 저렴한 가격도 있지만, 서비스 행동강령도 한몫을 톡톡히 담당했다고 할 수 있다. 월마트에는 직원들이 웃을 때 치아 8개가 모두 보여야 한다는 규정이 있다. 직원들이 고객들에게 미소를 보이면 고객들의 심리적 만족감이 높아질 수 있다고 생각한 경영진의 철학이 반영된 규정이다. 이런 월마트의 규정은 고객의 심리적 만족감을 저렴한 가격과 우수한 품질만큼

이나 중요하게 생각했다는 것을 보여 주는 좋은 예라고 할 수 있겠다.

(2) 경청

특별히 예쁘지도, 잘생기지도 않았지만 끌리는 사람이 있다. 반대로 너무 예쁘고 잘생겼는데 함께 있으면 부담스러운 사람이 있다. 이는 상당 부분이 태도에서 나타난다. 내 친구는 탤런트 김희선을 닮았다. 학창시절 그녀와 같이 다닌다는 죄로 일단 한 번쯤은 비교당해야 했던 통에 주눅 아닌 주눅이 들어야만 했다. 하지만 시간이 지나면 그 친구는 처음 이미지와는 다르게 깬다는 평가를 받곤 했다. 그도 그럴 것이 그녀는 누군가와 대화를 할 때면 건성으로 듣는 이미지를 풍기곤 했다. 멍하니 듣는 태도하며 손톱을 자꾸 만지작거리는 습관까지 있었기 때문이다. 사람은 타인의 약점을 통해 위안을 삼는 기질이 있다고 했던가. 그 때부터였던 것 같다. 대화에서 듣기 위해 노력하고 집중하는 태도가 상대에게는 좋게 보이겠다고 생각했다.

경청의 중요성을 뜻하는 대표적인 사자성어는 이청득심(以聽得心)이다. 이는 귀를 기울여 경청하는 것은 사람의 마음을 얻는 최고의 지혜라는 의미를 가지고 있다. 한자 聽(들을 청)을 가만히 들여다보면 여러 단어의 의미가 조합되어 있다. 백성들의 소리를 듣는 왕처럼 누구의 말이라도 열 개의 눈으로 보듯이 집중해서, 하나 된 마음, 즉 진심으로 들으라는 의미이다.

聽 = 王⊕耳⊕十⊕目⊕一⊕心

상대의 말을 경청한다는 것은 말처럼 쉬운 일은 아니다. 사실 공자도 나이 육십이 되어서야 귀를 열고 순하게 듣는 이순의 경지에 도달했다고 고백했다. 하지만 처음 만난 사람도 끌리게 하려는 마음이 간절한 우리는 노력해야 하지 않을까. 19세기 미국의 의학자·문필가이며 하버드대학교 의학 교수였던 올리버 웬델 홈즈(Oliver Wendell Holmes)는 "말하는 것은 지식의 영역이고, 듣는 것은 지혜의 영역이다"라고 말했다. 아라비아에는 '듣고 있으면 내가 이득을 얻고, 말하고 있으면 남이 이득을 얻는다'는 속담이 있다. 잘 들으면 내게 더 유익한 것이다. 우리나라 삼성 이건희 회장이 아들에게 남긴 유명한 말이 있다고 한다.

> "말을 배우는 데는 2년이 걸렸지만, 침묵을 배우는 데에는 60년이 걸렸다."

(3) 끄덕임

혼자서 잘 듣고 있다고 해서 능사는 아니다. 표현을 하지 않으면 상대는 모른다. 열심히 잘 듣고 있다는 표시를 해 주어야 한다. 무엇일까? 바로 끄덕임이다. 네 번째로 다룰 맞장구와 함께 설명을 이어가도 좋겠다.

(4) 맞장구(추임새)

교육 시 경청과 함께 꼭 언급하는 부분이 바로 끄덕임과 맞장구이다. 끄덕임과 동시에 맞장구 즉 추임새를 넣어 준다면 상대는 기분이 좋아진다. '1, 2, 3화법'이라는 것이 있다. 이는 대화에서 한 번 말할 때 두 번은 듣고, 세 번은 맞장구를 치라는 의미이다.

보통 남자들의 대화보다 여자들의 대화가 더 길고 화기애애하다. 왜 그럴까? 아래 두 상황을 잠시 들여다보자.

> **상황 1**
>
> **여자:** 나 오늘 머리했어. 어때?
> **남자 친구:** 응. 예쁘네.
> **여자:** …. (대화 단절)
>
> **상황 2**
>
> **여자:** 나 오늘 머리했어. 어때?
> **여자 친구:** 와~ 예쁘다! 어디서 했어?
> **여자:** 아! 정말? ○○에서 오늘 할인 이벤트 하기에 얼른 가서 했지~
> **여자 친구:** 우와~ 그렇구나. 가격은 얼마였는데?
> **여자:** 응~ 어쩌고저쩌고…. (계속 이어지는 대화)

두 상황의 차이가 느껴지는가? 여자들의 대화가 더 화기애애한 이유는 바로 이 맞장구(추임새) 때문이다. 그래서 대화가 길어져도 자연스러운 것이다. 내가 상대에게 이 같은 반응을 해 주었을 때 호감은 배로 살 수 있다는 것을 기억해야 한다.

태생적으로 긍정의 기질을 가지고 있다면 연습하지 않아도 자연스럽게 상대의 호감을 살 수 있겠지만 우리는 너무도 다른 기질과 환경의 영향으로 낙천적이지만은 않다. 억지로라도 표현을 해서 처음 만나는 사람일지라도 호감을 보일 필요가 있지 않겠는가. 이건 상대가 고객이라면 더더욱 필요하다. 상대가 당신에게 끌리도록 표현의 달인이 되어라.

마찬가지로 겉으로 보이지 않는 고객의 몸짓에 주의한다면 욕구를 정확하게 파악할 수 있다. 장자는 "진짜를 알려면 말 없는 무언의 말을 들어야 한다"고 했다. 바로 비언어적 소통의 중요성을 이야기한 것이다. 말에 호소력을 더하는 비언어적 소통에 이어 상대의 마음을 끄는 말투, 즉 언어적 소통들을 알아보자.

끄덕이고 빠져들게 하는 말투는 따로 있다

말투가 그 사람 전체를 대변한다

사춘기의 양상은 다 다르겠지만, 나는 사춘기조차도 부모와
갈등 한 번 없었을 정도로 순종적인 아이로 자랐다. 속 좀 썩였
다는 언니와 남동생에 비해 이는 부모의 자랑거리 아닌 자랑이
되곤 했던 것 같다. 그래서 그런지 지금까지 내가 하는 것들에
반대하는 일이 거의 없으셨다. 도리어 알아서 잘하겠지 하는 믿
음을 가지셨다. 하지만 요즘엔 아직까지 혼족(혼자 사는 1인 가구)
인 내가 제일 불효한다며 한숨을 쉬신다.

죽은 사람 소원도 들어준다는데, 살아 계신 부모님 소원하나
못 들어주랴 하는 생각으로 선 자리에 나간다. 보통 친구가 주선
해 주는 소개팅도 불편하기 그지없는데 부모님이 소개해 준 선

자리라니 그야말로 가시방석이었다. 주로 대화를 주도해야 하는 의무를 좀 더 가진 남자 측은 더할 것이라는 추측에 측은한 생각이 들었다.

"운전은 잘 하시죠? 저는 워낙 바빠서 가정에 신경을 많이 못 쓸 수 있어요."
"야근이 잦아서 종종 집에 못 들어와요."
"세상에는 나쁜 녀석들이 많아요. 여자이니 더 조심해야 해요."

얼마나 잘나고 괜찮은 사람인지는 이미 들어서 알고 있었다. 내가 만났던 이 사람은 검찰 쪽에 종사하는 사람이었다. 바쁘고 야근이 잦은 여러 상황들은 이해할 수 있는 문제였다. 물론 글로 표현된 것보다 실제에서는 더 완곡하게 표현했을 수 있다. 하지만 '못 한다', '안 한다', '어쩔 수 없다' 등등의 그의 이야기를 듣는 내내 너무도 불편했다. 법정스님은 말은 생각을 담는 그릇이라고 했다. 사람이 늘 좋은 것만 보고 살 수는 없겠지만 직업상 범죄 수사를 다루다 보니 온통 부정적인 생각에 사로잡혀 있나 하는 생각이 들었다. 미안하게도 그 사람 전체가 부정적으로 느껴지면서 다시 만나고 싶지 않다는 생각을 했다.

성공자들의 자기표현법

세계적인 지식 경영학자 피터 드러커(Peter Ferdinand Drucker)는 "인간에게 있어서 가장 중요한 능력은 자기표현이며, 현대 경영이나 관리는 커뮤니케이션 능력에 의해 좌우된다"고 말하였다. 미국 CNN 방송의 명앵커이자 대화의 신이라 불리는 래리 킹(Larry King)은 "말 잘하는 사람이 성공한다"고 했다. 커뮤니케이션 능력이 좋다는 것, 말을 잘한다는 것은 무엇을 기준으로 판단하며, 어떻게 해야 하는 것일까?

성공자들은 긍정적인 언어를 사용한다는 통계가 있다. 현대의 창업주 고(故) 정주영 회장은 불도저식 경영으로 유명하다. 직원들이 "그것은 불가능합니다", "안 됩니다" 하고 변명을 늘어놓을 때 "해 보기나 했어?"라고 호통을 쳤다고 한다. 지금의 명성이 예전만 못해 아쉽지만 우리는 그가 한국의 해운과 조선산업을 세계 최고로 올려놓았던 성공 신화를 기억하고 있다. 이 신화는 울산 미포만의 사진과 거북선이 인쇄된 지폐 한 장으로 외국 선주를 설득시켰던 정 회장의 기개가 만들어 낸 결과였다.

"우리의 거북선은 영국의 조선(造船) 역사보다 300년이나 앞서 있소. 지금의 우리는 더 좋은 배를 만들 수 있소."

20세기 최고의 복서로 평가받은 무하마드 알리 역시 "나의 승리 비법은 주먹이 아닌 말에 있었다"고 고백했다. 그는 권투 경기에 앞서 "나비처럼 날아서 벌처럼 쏘겠다", "소련 전차처럼 쳐들어갔다, 프랑스 미꾸라지처럼 빠져 나오겠다", "일본군의 진주만 기습같이 하겠다" 등과 같은 말들을 남기곤 했다. 긍정적인 말이 얼마나 중요한지를 알려 주는 사례들이다. 우리는 이 같은 성공자들의 생각과 말에 주의를 기울여 볼 필요가 있다.

언어는 우리의 생각을 대변한다

언어는 생각에서 나온다. 그래서 늘 부정적인 말을 하는 사람을 들여다보면 부정적인 생각으로 가득 차 있는 것을 볼 수 있다. 반대로 긍정적인 말을 자주 하는 사람은 평소의 생각이 긍정적이다. 미국의 심리학자 섀드 헴스테터(Shad Helmstetter) 박사는 "우리 인간은 하루에 5~6만 가지의 생각을 하고 그 많은 생각 중에 75%는 부정적인 생각, 25%는 긍정적인 생각이다"라고 했다. 우리가 의식적으로 생각을 관리하지 않으면 부정적인 방향으로 기울 수밖에 없다는 이론이다.

가만히 우리의 일상을 들여다보니 무의식적으로 부정적인 언어를 많이 사용하고 있다는 것을 발견한다. "배고파 죽겠어", "좋아 죽겠어", "500원 없어?", "○○카드 없나요?" 등등 배고파도 죽고, 기분이 좋아도 죽는다. 무엇인가를 요청할 때조차 부정적 언어를 사용하고 있다.

한 심리학자가 '말의 힘'을 설명하기 위해 했던 유명한 실험이 있다. 두 개의 화분에 같은 종류의 식물을 심고, 동일한 환경을 제공해 주었다. 두 화분 모두 양지 바른 곳에 놓아두고 적당한 때에 주기적으로 물과 영양분을 공급해 주었다. 하지만 한 가지는 달리했다. A화분에는 늘 칭찬과 격려의 긍정적인 말들을 들려주었고, B화분에는 핀잔과 꾸중의 부정적 말만을 들려주었다. 식물의 결과는 놀라웠다. A화분은 A화분에 들려주었던 말처럼 아름다운 모습으로 좋은 열매를 맺었고 B화분 역시 B화분에 했던 그 말처럼 되어 버린 모습을 발견하게 된 것이다. 식물도 말의 영향을 받는다. 하물며 사람은 두말 할 필요도 없지 않겠는가?

서비스맨의 말은 긍정적이어야 한다

상대가 내 말에 끄덕이고 빠져들게 하도록 말을 잘하고 싶은가? 긍정은 긍정을 낳는 법이다. '콩 심은 데 콩 나고, 팥 심은 데 팥 난다'는 속담은 농사 이야기를 넘어서는 교훈을 담고 있다. 사람들은 부정적으로 말하는 사람보다는 긍정적으로 말하는 사람을 좋아한다. 일단은 내가 긍정적이어야 상대도 나에게 긍정적인 생각을 하게 된다는 것을 기억해야 한다. 결과를 좋게 만드는 생각의 씨, 긍정의 씨앗을 많이 뿌려라. 말의 씨는 종자 값이 들지 않는다. 의식적으로 좋은 생각을 하고 긍정적인 언어를 사용하라. 실패자들은 해 보지도 않고 안 되는 이야기를 수십 가지 늘어놓지만 성공하는 사람들은 왜 가능한지를 생각한다. 그리고 안 되면 될 때까지 행동한다. 소금 3%가 바닷물을 썩지 못하게 한다고 하였다. 소소하게 단어만 바꾸어도 놀라운 경험은 하게 될 것이다. "500원 없어?"가 아니라 "500원 있어?"라고 해야 빌릴 확률이 높아진다. 그러니 고객에게 "○○카드 없나요?"라고 하지 말고 "○○카드 있나요?"라고 하는 연습부터 해야 하는 것이다. 지금 당신은 어떤 생각을 하고 있는가?

다음의 문장을 통해 연습해 보자. 비어 있는 긍정 언어를 채워 보라.

상황 1

부정 언어: "밥 먹을 때 쩝쩝 소리 좀 내지 마. 사람들이 식사예절도 모른다고 싫어해!"

긍정 언어:

상황 2

부정 언어: "장난감을 정리하지 않아 네 방이 마구간 같아. 좀 치우지 않을래?"

긍정 언어:

상황 3

부정 언어: "난 이런 일을 해 본 적이 없어."

긍정 언어:

상황 4

부정 언어: "바빠 죽겠는데 그런 일을 할 시간이 어디 있어?"

긍정 언어:

상황 5

부정 언어: "해 봐야 안 될 거야."

긍정 언어:

역시 정해진 답은 없다. 나는 다음과 같이 바꿔 보았다.

상황 1

쩝쩝 소리를 내지 않고 밥을 먹는 사람은 식사예절이 좋은 사람이란다.

상황 2

장난감을 정리하면 방도 깨끗해지고 나중에 장난감을 찾기도 쉽단다.

상황 3

이런 일은 처음이지만 나에게 기회가 왔어!

상황 4

중요한 일부터 먼저 시작하자.

상황 5

가능성을 생각해 보고 한번 해 보자.

'입니다'와 '인데요'의 엄청난 차이

애매한 말투도 습관이다

영화 〈영주〉의 시사회를 다녀왔다. 책이 출간될 즈음에는 개봉은 물론 영화가 기억 속에서 잊힐 쯤이지 싶다. 어쨌거나 어린 나이에 부모를 잃은 두 남매의 이야기가 슬퍼 영화를 보는 내내 얼마나 울었는지 모른다. 하지만 기대보다 별 내용이 없었다는 개인적인 생각으로 아쉬움이 남았던 영화였다. 시사회를 마치고 나오는 사람들에게 영화 측 담당자는 영화에 대한 평을 묻는다. 눈이 퉁퉁 부어 있는 내 모습을 보더니 흐뭇해한다. 순간 대면한 상태에서 솔직한 표현이 어려웠다. 그러곤 얼른 "재밌었던 것 같아요" 대답을 하고 창피한 내 모습을 감추려 화장실로 발길을 재촉했다.

돌아오는 길, 영화에 대한 감상을 나누면서 내 행동에 대한 두 가지 오류를 생각하게 되었다. 첫째, 상대 입장을 지나치게 생각하는 내 성향 때문에 **정확한 정보를 주지 못하는 오류**를 범했다. 아마 그 담당자는 내 답이 정말인 줄 알고 집계를 냈을 것이다. 그리고 둘째, 재미있었으면 재미있었다고 말하면 될 것을, 잘 보고 나서 '재밌었던 것 같다'라고 한 말은 무슨 의미였을까? '같아요'는 '그런 부류에 속한다' 또는 '추측이나 **불확실한 단정**'을 나타내는 말이다. 따라서 영화를 보고 난 뒤 주관적 느낌이나 판단을 표현해야 할 때는 "재미있는 것 같아요"가 아니라 "재미있었어요"라고 직설적으로 말해야 옳았다. 이렇게 습관이라는 게 참 무서운 것이다. 그토록 올바른 언어 사용에 대한 교육을 진행하면서도 나 역시 무심코 나오는 말의 오류를 범한 것이다.

이 같은 오류는 비즈니스에서는 치명적이다. 유독 자기표현이 약한 사람은 업무성과가 낮은 경향을 보인다. 정확한 정보가 생명인 직장 내에서 잘 전달하지 못하니 결과가 좋지 못함은 당연하다. 이는 문서의 내용이나 스킬만의 야기가 아니다. 조직은 다양한 사람들과 의사소통을 통해 업무성과를 이루어 나간다. 의사표현은 매우 중요한 수단인 것이다. 해야 할 말을 자신 있게 말하는 사람이 진정 용기 있는 사람이다. 이러한 용기는 정확한 정보를 전달하게 되고 상대로 하여금 확신을 갖게 한다.

자신감 없는 말투는 진정성마저 의심받게 한다

작년 가을부터 올해 초까지, 대기업이 사회공헌의 일환으로 진행한 프로젝트에 합류하게 되었다. 창업을 희망하는 사람들에게 공간 등을 일정 기간 동안 지원하여 그 역량을 높여 주는 사업이었다. 프로젝트의 수장이었던 U대표는 자금 조달의 어려움으로 운영에 골머리를 앓고 있었다. 이를 해결하기 위해 정부 지원 사업으로 전환시키는 작업을 하게 되었다. 이 과정에서 우리의 역량과 계획 등을 프레젠테이션할 수 있는 기회를 얻게 되었다. 나보다 더 오랜 시간 이 프로젝트에 관심을 두었던 U대표가 발표하기로 하고 그를 보좌하였다. 그런데 생각지 못한 문제가 생겼다. 그의 발표는 수일간 PPT를 준비했던 나조차 내용을 이해하기 어려웠던 것이다. 게다가 주어진 시간 안에 준비했던 내용을 다 보여주지 못했다. 내용을 다 전달하지 못했으니 질문이 쏟아지는 것은 당연했다. U대표는 질문마다 당황해하며 헤매는 모습을 보였다. 딱 봐도 질문의 핵심을 파악하지 못하고 중언부언하고 있었다. 중요한 핵심 질문에서 자꾸 이러한 태도를 보이자 심사위원들은 말하는 내용에 대한 진실성을 의심하기 시작했다. 의기소침해진 그의 대답은 계속 사람들의 불만과 의심을 걷잡을 수 없게 만들어 버렸다. 그날을 기억하면 지금도 등에서 식은땀이 흐른다.

의도치 않았던 결과인 데다 발표를 마친 그의 얼굴에서 이미 괴로워하는 모습이 느껴져 아무 말도 할 수 없었다. 당시의 기억이 아직도 또렷이 난다. 그는 자꾸만 '인데요'라는 말을 반복했다. 왜 그랬을까. 확실한 사업과 계획이니 확실하게 '입니다'라고 표현하면 될 것을 무엇이 걱정되어 그렇게 표현해야 했을까. 자신감을 가지고 정확한 정보를 전달한다는 것은 상대에게 확실하다는 확신을 주는 것 외에도 말하는 사람에 대한 신뢰를 심어 준다는 것을 뼈저리게 느꼈다.

모든 소통은 대화를 바탕으로 이루어진다. 원만한 관계를 유지하는 데에는 의사표현은 필수적인 능력이다. 대화에서 상대에게 신뢰를 얻으려면 문장의 끝맺음을 간단명료하게 하는 습관을 들여야 한다. 다시 말해, 불확실함을 느끼게 하는 '인데요'가 아니라 '입니다'라고 표현해야 한다. 이는 무엇보다 자신이 말하고자 하는 내용이나 결론도 분명하게 전달하여 그 효과가 커지기 때문이다. 이처럼 '입니다'는 확신성과 신뢰성을 동시에 가지고 있는 언어이다.

'입니다'와 '인데요'의 표현에는 엄청난 차이와 결과가 뒤따른다. 오늘날은 자기 PR 시대라고도 한다. 자기표현을 충분히 하지 못한다면 제대로 PR하지 못한다. 개인은 물론 여럿이 함께 팀이 되어 업무성과를 높여야 하는 조직에서는 두말 할 것도 없다. 회사는 결과로 모든 것을 평가하는 집단이다. 자신의 능력을 표현하지 못한다면 제대로 인정받지 못하는 결과를 낳게 된다. 상대가 나를 신뢰하고 내 말에 확신을 가질 수 있도록 한 마디를 하더라도 말끝을 분명하게 해야 한다. '인데요'가 아니라 '입니다'여야 하는 것이다. 해야 할 말을 자신 있게 말하는 당당한 사람이 되자. 하고 싶은 말을 다 하라는 것이 아니다. 이 당당함이야말로 자신을 진정으로 사랑할 줄 아는 사람의 것이다. 요즘 '자존감'이라는 단어와 키워드가 각광을 받고 있다. 남들과의 비교 속에서 열등감을 느끼며 자괴감에 빠져 사는 사람들이 많기 때문이리라. 자존감을 높인다는 것, 별것 아니다. 자신 있고 당당하게 '입니다'로 표현하는 것, 이것이 자존감을 높이는 시작임을 기억하자.

'팔리는 말'의 핵심은 '또렷하게 말하기'다

목소리만 크게 해도 장사가 잘 된다

대학에 입학하기 전에 아르바이트를 했다. 아이스크림 가게였다. 음식이 준비되면 "주문하신 아이스크림 나왔습니다"라며 큰 소리로 고객을 호명해야 했다. 처음 하는 일이기도 했고 참 내성적인 나에게는 그 말이 어찌나 창피하고 입에 안 붙던지 여간 곤욕스러운 게 아니었다. 익숙해질 때까지 몇 차례 점장님께 지적을 받아야 했다.

얼마 전 마트에서 장을 보았다. 식품관은 시식을 할 수 있어 가장 먼저 둘러보는 코너이다. 대학생처럼 보이는 앳된 모습의 직원이 시식을 통해 커피 구매를 권하고 있었다. 시식도 할 겸 가까이 갔다. "한 번 드셔 보세요. 이번 제품은…" 직원의 소리가 개

미소리 같았다. 주뼛거리는 통에 뒷말이 들리지 않았다. 몇몇의 사람들이 시식하러 왔다가 별 흥미를 느끼지 못하고 이내 다른 곳으로 분산되었다. 이래 가지고 무슨 장사를 할 수 있을까 싶어 안쓰러운 마음이 들었다. 이를 지켜보던 다른 직원이 다가와 무슨 말을 하고 간다. 그러더니 아까보다는 더 또렷한 큰소리로 말을 한다. "이번에 새로 나온 커피 한 번 시식해 보세요." 순간 과거의 내가 생각나 미소를 지었다.

명확한 의사표현이 가지는 설득의 힘

내가 근무했던 J회사는 M&A경영전략으로 크게 성장하였다. 내가 있었던 본사에만 회장님 이하 부사장 직위를 가진 분이 3명이나 있었다. 그중 한 분은 내가 근무하던 때 영입된 분이었다. 과거 S그룹에서 중책을 맡아 일하던 분이었다. 나와 나의 상사였던 E이사는 그분을 보좌하게 되었다. 내가 맡고 있던 교육은 전사적으로 진행되어 모든 계열사와 부서의 적극적인 참여가 필요했다. 캠페인을 기획하고 진행하려던 참이었다. 부사장의 주도하에 진행하는데 앞서 임원진들을 설득하는 자리가 마련되었다. 회의록을 작성한다는 명목하에 E이사님과 나는 회의를 지켜볼 수 있는 기회를 얻었다. 부사장님이 우리의 계획을 설명하고 임원진들의 의견을 묻자 우려의 목소리가 있었다. 순간 이를 넘지 못하면 기획은 무산되겠다 싶었다.

"제 경험에 의하면 이와 같은 방식이 많은 기업에서 적용되고 있습니다. 현재 우리 회사의 교육팀 인력으로 전사적인 교육을 효율적으로 진행할 수 있는 최선의 방안입니다. (중략) 여러분들이 우려하는 부분들을 기억하고 이를 뒷받침할 수 있도록 제도 개선에 최선을 다하겠습니다."

부사장님의 언변에 나는 놀라움을 감추지 못했다. 옆에 있던 E 이사님은 '정말 말씀 잘하시지?'라며 내게 쪽지를 건넸다. 고개를 수차례 끄덕일 수밖에 없었다. 스피커가 없었는데도 사람의 마음을 순식간에 잡아 끄는 목소리였다. 부드러우면서도 호소력이 있었다. 어떤 일을 하고 어떻게 노력을 해야 저런 목소리를 가질 수 있을까 싶었다. 그해 우리는 캠페인을 진행하고 운영하느라 무척 바쁘게 보냈다.

제품을 잘 팔기 위한 노하우는 여러 가지가 있겠지만 가장 기본은 또렷하게 말하기이다. 또렷하게 말한다는 것은 **마지막까지 유지하는 목소리(톤)**는 물론, 고객으로 하여금 **구매를 유도하는 정확한 표현**까지를 의미한다.

부사장의 음성은 마지막까지 매우 또렷했다. 그분이 말씀하면 어느새 집중되고 이해가 쉬웠다. 고객의 구매는 이해와 상당히 비례한다. 내가 판매하고자 하는 제품에 대한 설명을 끝까지 또렷이 해 주어야 고객은 이해를 한다. 고객은 그 음성을 통해 제품에 대한 믿음과 신뢰를 갖게 된다.

고객에게 명확한 목소리로 요청하라

요즘 SNS 마케팅이 각광을 받고 있다. SNS 마케팅에서는 콜 투 액션(Call To Action, CTA)을 중요시한다. 콜 투 액션이란, 소비자가 어떤 행동을 하도록 유도하거나 요청하는 메시지를 말한다. 궁극적으로 구매 행위를 이끌어내는 것이 목적이다. 요즘 특히 유튜브와 인스타그램이 주목을 받고 있다. 잘 기획된 영상과 사진을 올려두고 '댓글을 남겨주세요'라든가 '좋아요를 눌러주세요' 등등의 요청을 직접적으로 표현하는 것이다. 반응의 정도는 상품의 인지도를 높여 주어 구매로 이어지기 쉬워진다.

제품을 잘 팔기 위해서도 마찬가지이다. 또렷한 목소리만으로 끝내면 안 된다. 내용을 잘 전달했다면 정확하게 구매 요청까지 표현하고 마무리지어야 한다. 내가 모시던 부사장은 자신의 의견을 또렷하게 전달함과 동시에 이 방법이 최선이라는 것을 어필하면서 꼭 이를 실행해야 하는 이유를 들어 끝내 설득하였다.

그렇다면 오프라인에서 고객에게 구매요청을 어떻게 할 것인가? 쇼핑을 가면 점원이 다가와 "뭐 찾으시는 거 있으세요?", "입어 보세요" 하며 다가온다. 구경하는 데 불편하다는 생각을 하지 않는가? 보통 사람들은 길을 지나다 눈에 띄는 상품을 구매하는 경우가 많다. 이런 그들에게 '뭐 찾으러 오셨어요?', '어떤 거 보러 오셨나요?'라고 물으면 어떤 결과가 일어날까? 그 순간 다른 곳으로 이탈하거나 구경을 하더라도 사지 않으면 눈치를 줄 것이라는 무언의 압박을 느끼며 둘러볼 것도 보지 않고 말아 버리는 경우가 생긴다. 오프라인에서 구매요청을 한다는 것은 고객에게 부담을 주라는 것이 아니다. 어떻게 해야 할까? 나 같은 경우는 '구경해 보세요'라는 멘트가 좋았다. 맘에 드는 것을 발견할 때까지 편하게 구경할 수 있으니 말이다. 그렇다면 상품에 관심을 보였던 고객에게 설명을 마친 당신은 어떻게 부담을 주지 않고 구매 유도를 할 것인가? 서로의 대화에서 정답이 있는 건 아니지만 나라면 적어도 애써 설명했던 고객에게 "사용해 보는 건 어떠세요?", "한번 이용해 보세요" 하고 마칠 것 같다.

오프라인과 온라인은 판매 방식의 차이가 있고 전략을 다르게 설정해야 하지만 판매라는 본질은 다르지 않다. 옛말에 '우는 아이 젖 한 번 더 준다'고 하였다. 무슨 일에든 스스로 요구하여야 쉽게 얻을 수 있다는 교훈이다. '팔리는 말'의 핵심은 '또렷하게 말하기'라는 것을 기억하자.

자, 다음 고객의 반응에 **또렷하게** 말해 보라. 그대가 취급하는 제품으로 생각해도 좋다.

매출을 올리고 싶다면
당장 '말'부터 바꿔라

질문으로 고객의 Yes를 끌어내라

"뽀뽀 한 번 해 줄래? 두 번 해 줄래?"

어릴 적, 유난히 뽀뽀를 받아내기 힘든 우리 삼남매에게 아버지가 가끔 하시던 말씀이었다. 뽀뽀해 달라는 말에는 이리저리 반항도 잘하면서, 이상하게 이 같은 아빠 말에는 할 수 없이 한 번은 하게 되었다. 독자가 보기에는 자녀들이 너무한다고 생각할 수 있겠다. 하지만 우리는 가부장적인 아빠가 불편했던 어린 시절을 보냈다는 변명으로 이해해 주길 바란다.

J회사를 만나면서부터 영업에 관련된 서적이나 정보를 접하기 위해 무단히 노력했다. 영업사원이라는 직접적인 삶을 살아보지 않은 데다, 영업본부의 교육 횟수가 타 부서보다 월등히 많았기 때문이다. 그럼에도 불구하고 영업사원을 위한 교육은 항상 부담되었다. 전 임직원의 노고를 회사의 최종 매출로 정확하게 수치화시켜 주는 부서이기 때문이다. 실질적인 고객을 직접 관리하는 부서이기도 하니 모든 기업의 영업부는 교육 외적인 상황에서도 관심을 받는 부서일 수밖에 없을 것이다. 더욱이 내가 소속된 마케팅사업부는 영업본부와 유난히 유기적으로 밀접하게 연결되어 있었다.

영업본부와 함께 진행했던 거래처 동행방문과 영업성공 사례 발표 등을 통해 나는 한 가지 중요한 사실을 발견하게 되었다. 성과가 높은 직원은 그렇지 못한 직원보다 더 많은 질문 습관이 있다는 것이다. 교육시간도 예외가 아니었다. 그들은 시시하게 들릴 법한 내용에도 관심을 가지고 질문을 하거나 실천하려는 모습이 있었다. 어떤 시간이라도 최선을 다하고 있었다. 이런저런 영업 관련 서적과 여러 정보 속에서 접했던 내용이 확인되는 순간이었다. 교육컨설팅 회사인 Achieve Global에서는 성과가 좋은 세일즈맨들은 고객의 니즈를 알아내기 위해 질문법을 상당히 잘 사용한다고 하였다.

누군가 "어떤 이성이 좋아?" 하고 물으면 고민 없이 "매너 있는 사람"이라고 대답한다. 물론 가부장적이었던 아버지를 둔 탓에 부드러움에 좀 더 매력을 느낄 수 있다고 생각한다. 하지만 이는 일상에서도 마찬가지였다. 수많은 친구와 동료가 있지만 모두가 끌리는 건 아니다. 유난히 더 좋고 친하게 지내고 싶은 사람에게는 부드럽다는 공통점이 있었다. 모두가 공감하지 않을까 싶다. 직업병이라고 할까. 공통점을 분석해 보니 이들은 의뢰형을 많이 사용하고 있었다. 질문 습관이 많았던 것이다. 가령 점심시간이 다가오면 내가 좋아하는 친구와 동료는 이렇게 표현하곤 했다. "밥 먹자"도 좋지만 그들은 꼭 "배고프지 않아?", "밥 먹지 않을래?" 하고 물어봐 주었다. 소소한 일상에서 나타나는 이들의 습관과 높은 성과를 보여 주던 영업사원의 말투는 같았다.

화법의 종류는 참 많다. 서비스교육을 진행하면서 고객에게 절대 사용하면 안 되는 말들을 일러주고 강조한다. 바로 명령어이다. 명령어란 "이것 좀 해" 혹은 "이렇게 하세요" 등의 표현이다. 듣기에도 딱딱하고 말 그대로 명령처럼 느껴져 듣기에도 거북하다. 그래서 이를 부드럽게 들리도록 질문형 즉 의뢰형으로 바꿔 사용하도록 연습한다. 언성을 높이고 지시하는 것만이 명령어가 아니다. 우리가 흔히 조심스럽게 사용한다는 "이렇게 해 주세요"의 부탁조차도 이렇게 하라는 명령이 들어가 있다. 자, 그렇다면 "이렇게 하세요!"를 의뢰형으로 바꿔 보자. 어떻게 바꿀 수 있을까? "이렇게 해 주시겠어요?" 하고 물어보는 것이다. 사실 이 말은 이렇게 하라는 명령이 들어가 있는 의뢰형일 뿐이다. 그런데도 왠지 나에게 선택권을 준 것 같아 부드럽게 들린다. 고객이 가장 심리적으로 예민해 있을 수 있는 결제 순간에 "여기 서명해 주세요"가 아니라 "여기에 서명 해 주시겠습니까?"를 사용해야 하는 이유가 여기에 있는 것이다. 이를 좀 더 전문적인 용어로 표현한다면 레어드 화법이라고 한다.

반발심이나 거부감을 일으키는 명령어나 지시어 대신, 질문이나 의뢰형으로 바꿔 말하는 습관을 길러 낸다면 상대는 당신의 말에 기꺼이 응해 줄 가능성이 높아진다. 그렇다. 위의 두 사례에서 어지간히 뽀뽀를 안 해 주는 우리 삼남매에게 결국 뽀뽀를 받아 낸 나의 아버지와 높은 성과를 자랑하는 영업사원은 이러한 레어드 화법을 잘 구사하고 있었다.

질문의 디테일을 키워라

자, 그렇다면 나의 아버지가 사용했던 레어드 화법을 좀 더 들여다보자. 일반적인 질문보다 좀 더 디테일한 특징이 있다. 어떻게? "뽀뽀 한 번 해 줄래? 두 번 해 줄래?"처럼 선택권을 주었지만 이미 받을 걸 생각하고 그 범위를 확 줄여 버렸다는 것이다. 이해하였는가? 우리는 어렸고 순진해서 아빠의 질문에 꼭 둘 중에 해야 한다는 생각밖에 못했다는 과거를 생각하면서 웃는다. 하지만 이는 비즈니스에서도 상당한 매출을 올리는 효과가 있다. 독자도 한 번쯤은 겪어 봤을 사례로 이해를 돕고자 한다. 친구와 집 근처에 있는 생선구이 식당에 잘 가는 편이다. 우리는 자리에 앉아 주문을 했다.

"고등어구이 2인분이요."
"네, 음료는 콜라나 사이다 중에 뭐로 하시겠어요?"
"아… 사이다 주세요."

딱 이 상황이다. 하수라면 "네" 하고 응대를 마치고 우리는 고등어구이를 맛있게 먹고 나왔을 것이다. 중수라면 어땠을까? "음료는 뭐로 하시겠어요?" 하고 판매를 촉진시켰을 것이다. 그래서 둘 중에 하나, 즉 먹는다와 안 먹는다에 대한 확실한 답을 이끌었을 것이다. 그런데 이 식당 주인은 고수다. 이미 우리가 음료를 시킨다는 가정을 두고 콜라와 사이다 중에 고르라고 응대를 했다. 이는 사람의 뇌가 순간적으로 동시에 두 가지를 잘 못 하는 것을 공략한 응대법이다. 순간의 질문에 이중 어떤 것이 좋은지를 선택하려는 심리를 이용한 것이다. 싫은 게 강하다면 어쩔 수 없겠지만 보통 선택의 확률이 높다는 것을 아는 것이다. 대낮인데다 여자 둘이서 식사를 하러 왔으니 음료를 권했을 것이다. 저녁시간이었다면 술을 권하지 않았을까 싶다. 보통 식당은 음료와 술 언급을 하지 않으면 판매량이 확 떨어진다. 그래서 결과에 상관없이 일단 권장해 보는 방법도 매출을 올리는 비법 중 하나이다. 고수의 화법을 통해 음료에 대한 생각이 없었던 우리도 갑자기 음료가 생각나 함께 먹고 나오게 되는 경험을 종종 한다.

어지간히 뽀뽀를 안 해 주는 우리 삼남매에게 결국 뽀뽀를 받아 낸 아버지의 말 속에는 이러한 기막힌 전략이 숨어 있었다. 어느 질문에 응답해도 결국엔 하게 되는 것이다. 물론 모든 사람이 둘 중 한 가지를 꼭 선택하지는 않는다. 싫으면 싫다고 답할 것이다. 심각한 문제를 일으키는 응대가 아니면 된다. 우리는 매출을 올려야 할 의무를 가지고 있다. 중요한 것은 이러한 화법을 통해 매출을 올리는 방향으로 대화를 이끌어 갈 기회를 얻는다는 것이다. 판매 화법을 알고 구사한 것과 하지 않은 것에는 엄청난 차이의 결과가 뒤따른다.

그대의 눈에 사랑스러워 보이는 자녀가 뽀뽀에 비싸게 구는가? 그래서 "뽀뽀해 줘" 하고 요구하거나 명령하고 있지는 않은가? 혹시 맛있는 사탕과 초콜릿으로 애써 유혹하고 있지는 않은가? 아이로 하여금 당신을 편하게 느낄 수 있도록 평소에 의뢰형을 자주 사용하라. 그리고 이미 뽀뽀를 받았다고 생각하고 아이가 선택할 수 있도록 질문을 해 보라. 중요한 것은 아이가 쉽게 행동할 수 있도록 똑똑한 질문으로 유도하는 것이다.

비즈니스에서도 마찬가지이다. 관계가 어려워 힘든 적이 있는가? 회사에서 당신만 인기가 없는 것 같아 고민하지 않은가? 말한마디로 매출을 더 올릴 수 있다면 어떨까? 상대가 당신에게 부드러움이 느껴지도록 의뢰형 언어습관을 들여라. 그리고 이미 원하는 결과를 이루었다 생각하라. 이러한 믿음은 생동감을 주고 자연스러운 모습을 연출하도록 해 준다. 중요한 것은 모든 일에 그리고 그대가 다루는 제품에 어떻게 똑똑한 질문을 적용하여 매출을 올리는 대화를 이끌어 갈지를 고민해야 한다는 점이다. 분명 보다 쉽게 얻고자 하는 것을 얻을 수 있다. 당장 그대의 '말' 부터 바꿔라.

아래 비어 있는 대화를 완성해 보면서 의뢰형과 매출을 올리는 똑똑한 질문을 연습해 보자.

상황 1 **의뢰형과 명령어를 채워 넣어 보자.**

명령어: 손님, 줄 서세요.

의뢰형:

명령어:

의뢰형: 말씀해 주시겠습니까?

상황 2 **매출을 올리는 똑똑한 질문으로 응대해 보자.**

손님: 자장면 두 개요.

직원:

손님: 어제 보고 간 자동차 좀 다시 보여 주세요.

직원:

정답은 없지만, 나는 이렇게 빈칸을 채워 보았다.

상황 1

명령어: 손님, 줄 서세요.

의뢰형: 손님, 괜찮으시면 줄을 이쪽으로 서 주시겠습니까?

명령어: 말씀해 주세요.

의뢰형: 말씀해 주시겠습니까?

상황 2

손님: 자장면 두 개 요.

직원: 네, 자장면 두 개요. 탕수육은 부먹으로 드릴까요? 찍먹으로 드릴까요?

손님: 어제 보고 간 자동차 좀 다시 보여 주세요.

직원: 아, 네! 흰색으로 하시겠어요, 검정색으로 하시겠어요?

YES를 끌어내는 설득 스킬

1) 칭찬 화법

한 모임에서 외국인을 만나게 되었다. 자신이 어떤 일을 하는 사람인지를 명함과 함께 인사말로 소개했다. 그는 미국 캘리포니아에서 식당을 경영하는 셰프였다. 그리고 내게 직업이 무엇인지를 물어와 교육 일을 한다고 답해 주었다. 초면이라 어색함을 없애기 위한 질문이었을 것이다.

"신이 유독 축복을 내려준 최고의 직업 3가지가 있어요."
"무엇인데요?"
"첫 번째는 사람을 살리고 낫게 하는 의사와 간호사예요. 세 번째는 사람의 건강을 크게 좌우하는 음식을 만드는 요리사이지요."

그는 자신이 그 요리사라는 제스처를 하며 호탕하게 웃는다.

"두 번째가 무엇인지 맞춰 보세요."

"글쎄요…"

"바로 당신이에요. 사람에게 자신의 지식과 정보를 나누어 주는 선생님! 사람을 지혜롭게 변화시킬 수도 있지요."

아, 정말 유쾌하고 듣기 좋은 말이 아닐 수 없었다. 게다가 그는 짧은 대화 속에서도 자신을 세 번째로 낮추어 상대를 더 높여 줄 줄 아는 겸손한 사람이었다. 모임이 끝날 때까지 그의 말에 집중하게 되었고, 왠지 모르게 그가 하는 말마다 좋게 들렸다.

이처럼 칭찬은 상대의 기분을 최상으로 끌어올려 주는 마력을 가졌다. 세상의 모든 사람들은 대개 칭찬을 좋아한다. 칭찬은 고래도 춤추게 한다고 하지 않던가. 농부도 씨앗을 뿌리기 전 밭을 일구는 수고를 거친다. 누군가를 설득할 때도 먼저 상대의 기분을 좋게 하는 것이 무엇보다 중요하다. 그래야 설득이 잘 이루어지기 때문이다. 칭찬이라는 것은 상대를 설득하는 최고의 방법 중 하나인 것이다.

수많은 화법이 있지만 상대를 쉽게 설득하도록 도와주는 유용한 화법은 3가지로 좁혀진다. 그 첫 번째가 바로 위에서 언급한 칭찬이다. 하지만 이를 제대로 잘 활용하는 사람은 드물다. 가령 처음 만나는 사람이라면 자연스럽게 다가가 대화를 이어갈 수 있는 기회를 얻는 것이 가장 중요하다.

이때 나는 어떤 칭찬을 사용하면 좋을까? "당신은 참 좋은 사람이네요"라는 말은 어떤가? 좋게 들릴 법하지만 뭔가 모를 찜찜함이 남는다. 상대는 '오늘 처음 만났는데 내가 좋은 사람인지 어떻게 알지?' 하고 입바른 소리처럼 들을 수 있다. 차라리 "이 가을에 어울리는 멋진 스카프네요. 감각이 남다르세요"라며 눈에 보이는 상대방의 센스가 돋보이는 소지품으로 접근하면 좋지 않을까 싶다.

친구나 동료라면 어떨까? 이 대상자들은 이미 편하게 대화할 수 있는 기회가 얼마든지 있다. 이 경우라면 다른 사람의 입을 빌려 칭찬 메시지를 전해 보면 그 효과는 배가된다는 것을 경험하기도 한다.

내가 기억하는 어느 칭찬 고수는 자신에게 반발심을 갖고 있는 부하를 계획적으로 타인 앞에서 아낌없이 칭찬했다. 그리고 머지않아 반발심을 갖고 있던 직원은 열정을 다하는 충성스러운 그의 부하가 되었다. 이처럼 상황에 맞는 칭찬을 구사한다는 것은 결코 쉬운 일이 아니다. 이는 하나의 스킬이요, 능력이다. 칭찬을 누구나 좋아하지만, 적절하지 못한 칭찬은 안 한 것만 못한 역효과를 불러오기도 한다. 우리는 지금 접근을 넘어서, 친구나 동료가 아닌 고객을 설득하여 YES를 끌어내야 한다는 것을 기억해 보자. 좀 더 전략적으로 사용할 줄 알아야 한다. 칭찬에도 기술이 필요한 것이다.

성공적인 칭찬의 기본은 '상대방도 알고 있는 자기 모습'을 알아 봐 주는 것이다. 심리학에서는 이것을 '자기 입증(Self-verification) 효과'라고 한다.

미국의 어느 학자가 사람들이 어떤 칭찬을 좋아하는지 실험을 했다. 약 200여 명의 성인 남녀에게 하나의 자기소개서를 공유 하였다. "내 이름은 ○○○입니다. 산책과 그림그리기를 좋아합니 다. (하략)"라는 내용이 적힌 소개서였다. 그리고 이 소개서의 주 인이 자신이라 생각하고 아래 두 칭찬 중 무엇이 더 좋은지를 고 르게 하였다.

"정말 친절하고 좋은 분 같아요."
"그림을 좋아하신다니 멋지시네요."

둘 다 좋은 칭찬이었지만 무려 30%나 많은 사람들이 후자의 칭찬이 더 좋다고 응답하였다. 그 이유는 무엇이었을까? 그것은 바로 '나도 동의할 수 있는 것'을 콕 짚어 칭찬해주었기 때문이다. 따라서 칭찬은 칭찬을 받는 상대가 인정할 수 있는 이유를 들어 주어야 효과적인 것이다. 사진을 잘 찍는다고 칭찬을 해 주고 싶 다. 어떻게 표현하면 좋을까? "사진 잘 찍네요"도 좋지만 "당신의 인스타그램을 보니 사진을 정말 잘 찍으시는 것 같아요"라고 말 해 준다면 훨씬 좋다.

2) 후광화법

YES를 끌어내는 설득 스킬 두 번째는 '후광화법'이다. 후광(後光)이란 '뒤의 빛'이라는 뜻이다. 이를 화법에 적용시켜 본다면 현재 내가 하는 말을 빛내 주는 말이라고 볼 수 있다.

내가 아는 G의 전공은 의료기기를 개발하는 것이었다. 그런데 갑자기 멀쩡하게 다니던 회사를 자진 퇴사하였다. 2008년 당시에는 마케팅 시장에서 SNS가 한창 확대되고 있었다. 일하는 과정에서 그 위력을 맛보더니 SNS 마케터로 살겠다며 돌연 사업을 시작한 것이다.

사업이라는 것이 생각처럼 쉽다면 얼마나 좋을까. 한 번도 해 보지 않았던 경영의 어려움과 만만치 않은 경쟁 속에서 좌절을 맛보았다. 지금의 기업들은 SNS의 중요성을 인지하고 있지만 당시만 해도 잘 이해할 수 있도록 설명해 주어야 하는 장벽이 컸다고 했다. 하지만 지금의 그는 안정적인 회사를 운영하는 오너의 삶을 살고 있다.

그가 이렇게 성공한 이유는 '후광화법'을 이용한 자신의 영업 전략이었다고 고백한다. 좌절을 맛보고 있었지만 각고의 노력을 통해 요식업 프랜차이즈로 꽤나 이름 있던 V사를 첫 고객으로 맞이하는 행운을 갖게 되었다. 블로그 마케팅 요청이 들어온 것이다. 이 마케팅은 당시 성공할 수밖에 없는 시장이었다. 중요한 것은 다음 고객을 유치하기 위해 별 노력을 하지 않아도 승승장구하였다는 것이다. G가 할 수 있는 후광화법, 감이 오는가? 그렇다. "V사도 저의 고객입니다"라고 말하면 쉽게 자신의 고객이 되어 주었다는 것이다. 때때로 "V사도 진행하는 최신 마케팅입니다"라고 소개하면 SNS를 길게 설명하지 않아도 될 정도였다고 한다.

이렇듯 후광화법은 여러 유명한 기업, 사람, 기관들도 우리의 상품(제품)을 인정해 주고 있다는 사실을 제시함으로써 상대는 안심시키고 자신(자사)은 신뢰를 받을 수 있도록 돕는다.

사례의 G처럼 "A그룹도 우리의 고객이다", "그 유명한 B도 나의 단골손님이다", "세계 굴지의 기관 C도 우리에게 자격증을 수여했다" 같은 후광화법을 활용한다면 보다 쉽게 상대를 설득할 수 있다. 이 같은 방법을 활용하기 위해서는 사전에 많은 후광적 존재, 즉 유명기업, 유명인사, 각종 자격획득증서, 매출실적자료 등을 축적해 둔다면 더할 나위 없이 좋겠지만 꼭 그렇지만은 않다. 상대의 경쟁자(회사)를 예시로 들어 주기만 해도 효과가 있다.

3) Yes&But 화법

설득 스킬 세 번째는 Yes&But 화법이다. 이 화법은 나와 의견이 다른 상대일지라도 설득하는 데 효과적인 방법이다. 일단 수긍한 후에 반전의 형태로 자신의 의견을 내놓는 방식이다. 상대의 의견이 다르다고 나의 불편한 감정을 드러낼 필요가 없다. 세상에는 너무도 다양한 사람이 살고 있다. 다양한 생각이 존재한다는 것은 너무도 당연한 것이다. 모든 이치는 '틀린 것'이 아니라 나와 '다른 것'이다.

대학원 시절에 리더십 분야의 전문가를 만난 적이 있다. 그를 통해 세종의 리더십을 접하며 새로운 정보와 사실들을 알게 되었다. 세종은 한마디로 소통과 헌신의 리더십을 보여준 왕이었다. 세종대왕은 우리나라 최고의 위인이라는 평을 받고 있다. 이는 세종 자신도 생존 시에는 전연 들어보지 못한 칭호다. 그가 죽은 후에 그 공적과 덕망을 살피던 후임 왕과 조정대신들이 정한 묘호(廟號, 종묘에서 그 신주를 부르는 호칭)이다. 『세종실록』을 보면 태종은 94회, 영조는 135회 '노하다'라는 표현이 나온다. 이에 비해 세종은 16회에 그친다. 그가 얼마나 소통을 잘하였는지 알 수 있는 대목이다. 세종대왕은 "그래, 하지만", 즉 Yes&But 화법을 잘 구사했다.

우선 상대의 의견을 충분히 듣고 받아준다. 그리고 자신의 의견을 뒤이어서 제시한다. 상대의 말을 잘 들어주면 상대 역시 내 말을 들으려는 자세가 생기기 마련이다. 그러니 감정이 상하지 않고도 대화가 가능한 것이다.

함께 식사를 하기로 한 친구가 "스파게티 먹으러 가자"고 말한다. 그런데 당신은 냉면이 먹고 싶을 수 있다. 이때 친구의 주장에 핀잔을 주거나 구시렁거리지 말고, Yes&But 화법을 구사하려면 어떻게 표현하는 게 좋을까? "그래, 스파게티도 좋지! 그런데 오늘은 냉면을 먹어 보면 어떨까?" 하고 선택할 수 있게 유도하는 것이다. 상대의 기분을 상하지 않게 하면서 내가 원하는 쪽으로 상대의 마음을 바꾸기에 효과적이다. 역시 상대가 고객이라면 우리는 항상 고객의 의견이 다를지라도 "예, 맞는 말씀입니다. 하지만 이런 면도 있습니다" 식의 응대가 필요하다. 그렇다면 다음 고객의 말에 Yes&But 화법으로 답해 보라.

> **고객**: 가격이 너무 비싸서 살 수가 없어요!
> **직원**:

잘 설득하였는가? 혹시 "정해진 가격이라 싸게 드리는 것은 힘듭니다"라고 어리석게 대답을 하지는 않았는가? 나는 Yes&But 화법을 이용하여 이렇게 대답하는 게 좋아 보인다.

"네, 고객님. 가격은 좀 비싸지만 그만큼 제품은 확실합니다."

YES를 끌어내는 설득 스킬로 3가지 화법을 소개하였다. 칭찬을 통해 내 말에 귀 기울일 수 있도록 상대의 마음을 움직이는 것이 무엇보다 중요하다는 것, 그리고 후광화법을 통해 내 말에 신뢰를 갖게 할 수 있다는 것, 혹시 나의 의견에 반대하는 입장일지라도 Yes&But 화법을 통해 나의 편이 될 수 있도록 도울 수도 있다는 것이다. 이 같은 모든 화법을 물 흐르듯 잘 사용할 수 있도록 평소 많은 연습이 필요하겠다.

거절에도 기술이 있다

지혜로운 거절 방법 세 가지

다른 사람의 부탁에 이러지도 저러지도 못해 곤란했던 경험이 한 번쯤은 있을 것이다. 눈앞의 상대방을 실망시키고 싶지 않은 마음은 누구나 같다. 거절이 힘들다고 마지못해 받아 준다면 스스로에게는 우왕좌왕, 상대에게는 희망고문을 하게 되는 더 힘든 상황을 겪게 된다. 덴마크 속담에는 '지킬 수 없는 약속보다 지금 거절하는 게 낫다'는 말이 있다. 상대의 요청을 흔쾌히 들어줄 수 없다면 지혜롭고 정중한 방식으로 거절할 수 있어야 한다. 이는 상대의 체면을 살려 주면서 자신의 자존심도 살리는 미덕이 있다. 아래 전문가들의 조언과 여러 정보들을 통해 알게 된 '지혜로운 거절 방법 3가지'를 안내하고자 한다.

지혜로운 거절 방법 **첫 번째**는, 단칼에 거절하지 않는 것이다. 누군가가 나에게 부탁을 한다는 것은 서로 잘 아는 사이일 가능성이 크다. 그렇다고 그 부탁을 단칼에 거절한다면 서로의 관계가 어색해질 수 있다. 한 번의 부탁과 거절로 인해 그동안 유지했던 관계가 불편해진다면 이보다 안타까운 일이 또 있을까. 때로는 침묵이나 즉각적인 대답을 잠시 피하는 것도 방법일 때가 있다. 꼭 이런 식의 거절이 능사는 아니다. 하지만 최소한 뭔가 고민해 보는 나의 태도는 상대의 감정을 배려하는 자세이기도 하다. 그 잠깐의 시간을 대신해 상대에게 내 입장이 곤란하다는 의미를 전달해 줄 수 있기 때문이다.

두 번째는, 상대의 부탁이 내게 무리라는 판단이 선다면 정확한 의사표현을 해 주는 것이다. 거절하기 힘들다고 내가 어정쩡한 대답을 해서는 안 된다. 왜냐하면 상대는 내게서 확답을 들을 때까지 계속 희망을 품게 되기 때문이다. 결국에 전달된 나의 거절은 상대에게 더 큰 상처가 될 수 있다. 나의 태도로 자신 역시도 그만큼 괴로운 시간을 보내게 된다는 것을 기억하자.

세 번째는, 정중한 거절 화법을 잘 구사하는 것이다. 거절은 아무리 잘해도 상대방은 실망을 느낄 수밖에 없다. 사람의 뇌는 똑같은 강도의 자극이 와도 부정적인 감정을 더 오래 기억한다고 한다. 이를 전문적인 용어로 '쾌락의 불균형'이라고 한다. 따라서 상대방이 쾌락의 불균형에 빠지지 않도록 하기 위해 보다 더 정중해야 하는 것이다. 거절해야 할 때 상대방이 쾌락의 불균형에 빠지지 않도록 최대한 유의할 필요가 있다.

지혜로운 거절 화법 네 가지

그렇다면 상대가 쾌락의 불균형에 빠지지 않도록 하려면 어떻게 말하는 게 좋을까? 거절에 적절하게 활용할 수 있는 4가지 화법을 소개한다.

(1) Yes-No-Yes 화법

우리는 '부탁' 자체를 거절한 것이지 부탁을 한 '사람'을 거절하는 게 아니다. 이를 Yes-No-Yes 화법을 통해 상대에게 잘 어필할 수 있다. 가령, "나는 너를 좋아하지만, 이런저런 사정 때문에 그 부탁만 피치 못하게 거절할 수밖에 없음을 이해해 주길 바라"라고 말하는 것이다. 그러면 어렵게 부탁했던 상대가 거절에서 갖게 될 모욕감을 없앨 수 있다.

- 나는 당신의 부탁을 들어주고 싶다. (Yes)
- 하지만 이런저런 이유로 지금은 곤란하다. (No)
- 이렇게 거절할 수밖에 없는 미안한 내 마음을 이해해다오. (Yes)
---

(2) Yes&But 화법

앞장 'YES를 끌어내는 설득 스킬'에서 나와 의견이 다른 상대를 설득하는 데 효과적이었던 Yes&But 화법은 거절 스킬에서도 유용하게 활용할 수 있다. 이 화법의 핵심은 일단 상대의 의견이나 상태도 인정해 주어 쾌락의 불균형에 빠트리지 않는 것이다. 그러고 나서 부드럽게 거절하면 된다. 가령, "피자 먹자!"라는 친구의 요청에 "난 피자 싫은데!"라고 바로 거절하면 친구는 쾌락의 불균형에 빠지게 된다. 이보다 "맞아, 피자도 맛있지! 그런데 오늘은 매콤한 비빔국수는 어때?" 하고 피자보다 비빔국수가 더 먹고 싶다는 당신의 상태를 부드럽게 일러주는 것이다.

> A: 우리 피자 먹자!
> B: 난 느끼한 피자 싫어! 매콤한 비빔국수가 먹고 싶어. (x)
> B: 맞아, 피자도 맛있지! 그런데 오늘은 매콤한 비빔국수는 어때? (O)

(3) 간접 화법

이 방법은 돌려서 말하기의 진수라 불리는 화법이다. 듣는 사람 입장에서 상처가 될 수 있는 말도 얼마든지 상처받지 않도록 표현할 수 있다. 어차피 할 거절을 좀 더 부드럽고 완곡하게 표현하는 데 도움이 된다. 가령, 정해진 대기 장소가 아닌 곳에 고객이 앉아 있다고 생각해 보자. 이때 "여기는 앉아서 기다리시면 안 됩니다"라고 말하기보다는 "고객님, 앉아서 대기할 수 있는 장소는 뒤쪽 우측에 있습니다"라고 표현하면 어떨까? 고객의 심기를 불편하게 하지 않고도 자연스럽게 대기 장소로 이동시킬 수 있게 된다. 아래 B의 직접화법을 간접화법으로 바꿔보라.

A: 여기 흡연이 가능한가요?

B: 아니오. 여기는 금연 장소입니다.

→

(4) 아론슨 화법

심리학자 아론슨이 내놓은 이론으로 부정과 긍정의 내용을 혼합해야 할 때 선 부정, 후 긍정으로 말하는 방법이다. 이 화법의 핵심은 부정일지라도 인정할 것은 인정하되, 바로 긍정을 통해 부정이 묻히도록 하는 화법이다. 가령, "가격이 비싸서 살 수가 없네요!"라는 고객의 말에 "네, 가격은 비싸지만, 효과는 아주 좋습니다"라는 식의 표현을 하는 방법이다. 보통의 고객은 이내 공감하기에 이른다.

A: 가격이 비싸서 살 수가 없네요!

B: 네, 고객님. 가격이 비싸다는 것은 인정합니다. 하지만 효과가 아주 좋아 한 번 사용해 보시면 알게 될 거예요.

최근 어느 기사를 통해 우리나라 성인 남녀의 72%가 직장은 물론 일상생활에서도 거절하는 데 어려움을 겪는다는 통계를 보았다. 대다수의 사람들이 '거절 장애'를 호소하는 셈이다.

해마다 워렌 버핏은 자신의 점심시간을 함께할 수 있는 기회의 시간을 경매를 통해 판매한다. 올해도 어김없이 익명의 한 사람에게 330만 달러(약 35억 5,000만 원)에 낙찰되었다. 그가 워렌 버핏과의 점심식사에서 얻은 중요한 교훈은 무엇이었을까? 미국 경제 매체 CNBC는 낙찰된 사람들과 인터뷰한 결과 그들이 얻어낸 중요한 공통의 교훈 중 하나는 "거절에 편해져야 한다"는 것이었다고 발표했다. 거절하는 것은 더 이상 반항이 아니라 능력의 척도로 여겨지는 시대를 반영한 조언으로 보인다.

'왕관을 쓰려는 자, 그 무게를 견뎌라.' 셰익스피어의 작품 가운데 나오는 유명한 말이다. 자신이 원하는 방향으로 일을 끌어가려면 그만큼 막중한 책임도 따르겠지만, 무엇보다 수많은 거절과 뒤에 찾아오는 찰나의 불편함을 문제없이 견뎌야 한다는 의미로 해석된다. 무조건적인 거절을 말하는 것이 아니다. 꼭 필요한 거절은 현명하게 할 줄 알아야 한다.

올바른 고객 응대 철학을
가졌는지 검토하라

고객 만족은 과학,
고객을 분류하고 분석하라

상대를 파악하는 것이 먼저다

"네 엄마 왜 그런다니?"

"네 아빠는 도대체 허구한 날 왜 저런다니?"

아빠 엄마가 내게 하는 말이다. 가끔은 서로 맞지 않아 보이는 부모님이나 다툼이 잦은 친구 부부 둘을 보면서 어떻게 만나 결혼을 했을까 하는 생각을 한다.

부모님은 40년이 넘게 함께 살아왔다. 수많은 갈등을 겪었을 것이다. 내 눈에 서로 맞지 않아 보일 뿐 부모님은 이미 이런 이해관계가 형성되어 오랜 세월 함께해 왔을 것이고 그 관계를 이어갈 것이다. 친구 부부들 역시도 서로를 잘 알기에 앞으로도 부부의 연으로 잘 살아갈 것이다.

우리의 삶은 갈등의 연속이다. 각자가 다른 환경에서 다른 생각을 가지고 자라 왔기 때문에 똑같을 수가 없다. 이를 어떻게 잘 극복해 나가느냐가 중요하다. 아는 것이 힘이라 했다. 기업에서도 이러한 갈등을 잘 극복할 수 있도록 각 분야에 여러 방법들을 도입하여 헤쳐 나간다.

내가 진행하는 교육과정 중에 'DiSC'라는 과목이 있다. 이는 다양한 성격유형 검사 중 한 가지로, 타인의 행동패턴을 통해 성향을 유추하여 잘 대응하자는 것이 목적인 프로그램이다. 어느 검사유형보다 간소하여 기업에서 직원 교육 시 자주 응용되고 있다. 수차례 교육을 진행하면서 성과 높은 직원들은 이미 직관적으로 이러한 상황을 잘 이해하고 나름대로 상대의 유형을 파악하여 접근하고 있었다. 이는 개인 삶에서도 마찬가지였다. 부모님처럼, 친구 부부들처럼 말이다.

자신만의 고객 분류법을 만들어라

영업사례발표 교육시간을 통해 알게 된 어느 직원의 고객 분류법이 생각난다. 내가 기억하는 그녀는 J회사의 여자 영업사원 1호였다. 이 회사의 영업사원 중 여자는 딱 2명이었다. 여자라

연약할 것 같지만 그녀는 무척 강인한 여성이었다. 적어도 영업을 하는 데 있어서는 말이다. 어찌나 고객에게 평도 좋았는지 담당 거래처는 물론 회사 곳곳에까지 소문이 나 있었다. 그녀는 거래처별로 고객 성향을 파악해 관리하는 것이 자신의 노하우라며 그녀만의 분류법을 다음과 같이 일러주었다.

① 성격이 시원시원하고 미소가 있지만 뒤끝이 있는
② 영업사원과 일 얘기만 하기를 원하는(사적인 대화를 거부하는)
③ 가족처럼 관계지향적인
④ 반품만 잘해 주면 좋아하는
⑤ 잦은 방문을 원하는 혹은 원치 않는
⑥ 기선제압을 하는
⑦ 항상 불평하는
⑧ 꼼꼼한

가령, 항상 불평하는 고객은 좋은 일과 나쁜 일을 가리지 않기 때문에 함께 스트레스 받아 봐야 본인만 손해라며 일침을 놓았다. 이러한 성향의 고객은 일단 들어주는 게 최우선이라고 했다. 억울할지라도 혼낸다면 무조건 혼나는 시늉이라도 한다고 했다. 그리고 중요한 것은 다음 날 꼭 다시 찾아가 괜찮아졌는지 물어보거나 죄송하다는 말을 반복해 주는 것이다. 그것이 어떤 상황과 결과였든지 말이다. 그러다 보면 고객이 어느새 진정되어 있다고 한다. 이 경우 거래가 더 원활하게 잘 된다며 자신의 경험을 강조하였다. 누구나 일하며 스트레스는 받지만 스트레스도 어떻게 잘 관리하느냐에 따라 프로와 아마추어가 결정지어진다. 일 속에서 고객 분류를 통해 문제도 해결하고 일도 잘되는 일석이조의 이득을 취하는 멋진 여성이었다.

어느 영업사원은 거래처 위치와 규모별로 매출액을 구분지어 업무를 파악하기도 했다. 그의 4가지 유형의 거래처는 다음과 같았다.

① 대형 거래처
② 시장권 거래처
③ 규모는 작지만 잘되는 거래처
④ 그저 그런 거래처

그는 이렇게 각자의 나름대로 거래처를 구분지어 관리하면 시간을 잘 활용할 수 있다고 하였다. 그는 어마어마한 거래처 수를 보유한 영업사원이었다. 모두가 어떻게 혼자 다 관리가 가능할까 궁금해하기도 했다. 영업사례발표 시간을 통해 자신이 이와 같이 거래처를 분류하여 접근하고 있기 때문에 시간이나 동선 등을 미리 계획할 수 있다고 고백하였다. 그는 신입 때 무조건 열심히만 하느라 모든 거래처에 동일하게 시간투자를 하는 통에 큰 거래처를 경쟁자에게 빼앗기는 안타까운 경험도 있었다고 하였다. 이러한 경험들이 낳은 오늘의 그가 아닐까 싶다.

고객이라고 다 같은 고객이 아니다. 이익을 가져다주는 고객이 있는 반면 오히려 손해만 끼치는 고객도 적지 않다. 때문에 상당 기업들이 시스템을 도입하여 고객을 분석하여 분류하고 대응하기도 한다. 고객마다 기업에 이익을 주는 퍼센트(%)가 다르다는 것을 알기 때문이다. 따라서 모든 고객을 동일하게 대우해서는 관리가 잘 되지 않는다. 은행에 방문하면 벌써 VIP실은 따로 있지 않은가? 고객도 등급이 있는 것이다.

20대 80이라는 유명한 법칙이 있다. 이는 이탈리아의 경제학자 파레토가 처음 제시한 개념으로 20%의 인풋(Input)이 80%의 아웃풋(Output)을 만들어 낸다는 대략적인 법칙이다. 은행가로 빗대어 설명하자면 20%의 우량고객이 은행 수익의 80%를 차지한다는 의미이다. 출판업계도 마찬가지이다. 매출 80%는 상위 도서 20%의 매출에서 나온다. 이는 상당 모든 분야에 잘 적용된다. 따라서 20%의 최우량 고객층의 유지와 관리야말로 은행을 포함한 여러 기업이 안정적 이익을 확보하는 첩경이라 할 수 있다.

가만 보니 앞서 언급한 어느 영업사원의 노하우도 여기서 기인된 것이 아닌가 싶다.

고객 만족은 과학이다. 내가 참치통조림이 들어간 김치찌개를 좋아하듯이 타인은 돼지고기가 들어간 된장찌개를 좋아할 수 있음을 이해해야 한다. 소소한 것이라도 서로의 이해관계에서 벗어나기에 자꾸 갈등이 생기고 문제를 해결하지 못하는 것이다. 개인과 조직은 물론이고, 이는 국가적으로도 마찬가지이다. 중국은 음식을 남기는 것이 예의다. 내 앞의 접시에 음식이 없으면 계속 준다. 문화의 차이를 이해하지 못하면 오해를 낳고 갈등이 생기기 마련이다. 우리는 고객을 분류하고 분석하여 문제를 해결하고 만족시킬 수 있어야 한다.

고객은 당신보다
더 많은 정보를 가지고 있다

고객에게 필요한 것은 정보가 아니다

이것은 뛰어난 맛과 각종 성분 효능으로 피부병 예방, 혈관 질환 예방 등에 중요한 역할을 하고 발효로 생긴 리놀레산은 콜레스테롤을 감소시켜 혈압을 낮추는 역할을 하며, 또 레시틴은 기억력, 학습력, 집중력을 증진시켜 머리도 좋게 하고, 간경변증 발병 예방에도 한몫을 한다.

최근 과학적 연구 결과 많은 생리활성 기능으로 항암효과, 간 기능 강화, 항산화 효과, 혈전 용해 효과, 고혈압 예방 효과, 두통 경감 효과 등이 규명되고 있다.

이것의 항산화 작용 폴리페놀(Polyphenol)류는 카페익산(Caffeic acid), 클로로겐산(Chlorogenic acid), 이성질체 페룰산(Isomers ferulic acid), P-쿠마린산(P-coumalic acid), 시린직산(Syringic acid) 및 바닐릭산(Vanillic acid)들이며 이소플라본(Isoflavin)류로는 다이드진(Daidzin), 글리시테인-6-o-글루코시드게니스틴(Glycitein-6-o-glucoside genistin), 다이드제인(Daidzein), 글리시테인(Glycitein), 제니스테인(Genistein) 등으로 모두 항산화 능력을 갖는 성분이다.

이것의 영양소는 단백질, 지질, 섬유소 특히 지방이 발효하면서 유리된 필수 지방산인 리놀레산이 50% 이상 들어 있으며, 이 물질이 바로 암 예방과 항암 효과가 큰 것으로 보고되었다.[1]

만병통치약이 따로 없어 보인다. 눈에 들어오지도 않을 만큼의 다양한 영양 성분과 효능을 가진 이것의 정체를 알겠는가? 바로 '된장'이다. 된장이 좋다는 사실은 누구나 알지만 이렇게까지 세세하게 인지하며 먹지는 않는다. 나 역시 막연한 정보만 알았지 이처럼 정확하게는 몰랐다. 하지만 잠깐의 PC 검색을 통해 쉽게 알아낼 수 있었다. 어느 전문가들의 장문의 글을 간추려 정리하는 수고가 있었을 뿐이다. 이처럼 지금은 어느 정보든 알려고 마음만 먹으면 쉽게 알 수 있는 정보의 홍수 시대인 것이다.

---

1 출처: ReSEAT 분석리포트(http://www.ndsl.kr/ndsl/search/detail/report/reportSearchResultDetail.do?cn=KAR2010048366)

스마트한 고객에게 확실한 정보를 제공하라

L친구와 함께 화장품 가게에 들렀다. 피부과에 자주는 못 갈지언정 우리도 요즘 유행하는 1일 1팩을 따라 해보자는 심정이었다. 저렴하게 사지 않으면 1일 1팩이 결국 피부과 못지않은 비용이 발생한다. 그래서 이곳저곳 화장품 가게를 어슬렁거렸다. 저렴하게 사려니 성분이 안 좋을 것 같은 생각에 내심 걱정이 되었다. 제품 뒤에 적힌 성분을 보아도 평소 이런 것들에 관심을 두지 않았던 나는 도통 알 수가 없었다.

그래서 옆에 서 있던 직원에게 데일리팩으로 괜찮은 제품을 추천해 달라고 부탁을 했다. 한 제품을 가져오더니 한 번만 써도 피부가 보드라워진다며 추천해 준다. 수면팩이었다. 다른 곳에 비해 가격도 저렴했다. 친구에게 이걸로 하자며 보여 주었다. 친구는 잠시 핸드폰을 만지작거리더니 "무슨 소리야. 이건 안 돼! 여기에 들어간 디메치콘 성분은 뉴스에서도 안 좋다고 그랬단 말이야"라며 눈살을 찌푸렸다. 내게 제품을 추천한 직원의 얼굴이 순간 붉어졌다. 자신도 모르는 사실이었거나 민망함 때문이었을 것이다.

그러고는 L친구는 "이거야! 이걸로 하자. 가격도 저렴하고 성분도 좋아!"라며 다른 제품을 집어 들었다. 내가 어떻게 확신하는지를 물으니 핸드폰으로 한 어플리케이션을 보여 준다. 그 어플리케이션에서는 내가 궁금해하는 모든 화장품의 전성분과 사용자들의 이용 후기까지 쉽게 접근할 수 있도록 공유해 주고 있었다.

방금 전 직원이 추천해 준 제품 속 문제의 성분이라는 디메치콘은 피부가 숨을 쉬지 못하게 막을 형성해 순간적으로 피부가 좋아진 것처럼 느끼게 해 주는 실리콘 성분의 유해물질이었다. 게다가 방부제 역할을 하는 파라벤 성분도 들어 있었다. 관련 어플은 이것 말고도 많았다. 나는 친구가 고른 제품으로 수개월을 사용할 수 있는 양의 팩을 들고 집으로 돌아왔다.

배우 고(故) 김영애는 과거에 황토팩 화장품 사업으로 성공가도를 달릴 즈음 중금속 검출 논란에 휩싸였었다. 논란은 사실이 아닌 것으로 밝혀졌지만, 이용자들의 구매가 이어지지 않았다. 결국 그녀는 사업을 접었고 가족과 헤어지는 등의 힘든 일을 겪고 말았다. 소비자의 인식도 인식이지만 나쁜 성분이 없다고 해명하는 사이에도 시장에서는 더 좋은 제품들이 쏟아지고 있었기 때문에 이를 감당하지 못한 부분도 상당했을 것이다.

요즘엔 소비자를 어지간해서 속일 수 있는 시대가 아니다. 이렇게 고객에게 정보를 무상 제공해 주는 서비스들도 넘쳐나니 혹여 라도 속인 게 들통이 나는 날에는 그 기업은 끝이라고 보아도 과언이 아니다. 게다가 언제 어디서나 정보를 확인할 수 있는 핸드폰이라는 도구가 우리에게 너무도 일상화되어 있지 않은가.

우리나라는 남녀노소를 막론하고 학구열이 높은 편이다. 게다가 평생교육시장의 확대로 부담스럽지 않게 배울 수 있는 기회도 참 많아졌다. 그래서 꼭 자신의 전문 분야가 아니더라도 이것저

것 취미 삼아 학습하는 사람들도 갈수록 늘고 있다. 호기심 많은 나 역시도 누군가가 취미가 무엇이냐고 물으면 배우는 거라며 우스개답변을 하기도 한다. 가령, 주말에는 업무능력 향상을 위한 학습을, 주중에는 요일별로 호기심을 채워가는 배움을 이어가는 편이다. 커피가 좋아 스스로 맛있게 내려 마시려고 바리스타 과정을 이수한다거나, 미술을 좋아해 화실을 지속적으로 다니는 것 말이다. 와인 전문가는 아니지만 와인 강좌를 이끌어 가는 상사와 지인 덕분에 저절로 배워지기도 한다. 이처럼 지금의 소비자들은 알게 모르게 나와 당신보다 더 많은 정보를 접하고, 더 전문적인 지식을 갖춘 경우가 많을 수 있는 것이다.

고객을 가르치려 하지 마라

요즘 PC 앞에서 글 쓰는 작업이 한창이라 운동을 미룬 지 오래되었다. 엄마와 통화를 하면서 살이 부쩍 찐 나의 푸념을 늘어놓았다. 그런데 엄마가 다이어트에 좋은 식품들을 줄줄이 안내해 준다. 흰 강낭콩이며 핑거푸드며 파인애플식초까지 그 효능과 먹는 방법까지 세세하게 설명해 준다. 내가 알던 엄마가 아니었다. 다이어트에 관심을 둘 만한 분이 아니었기 때문이다. 한참 이야기를 나눠 보니 엄마의 말은 시종일관 "TV에서 그러는데~"라며 시작된다. 그랬다. 우리가 현장을 대신해 책상에 앉아 기획안을 만들 때조차 40~60대 주부 고객들은 온종일 케이블 TV를 통해서 수많은 정보를 압축하고 비교해서 입수하고 있었다. 그야말로 우리의 사부가 아니고 뭐겠는가. 도리어 내가 엄마에게 다이어트에 대한 정보를 배우게 되리라고 생각지 못했다. 웃음이 절로 나왔다.

그대가 취급하는 제품의 정보를 잘 알고 있는가? 누구보다 관련된 모든 정보를 잘 알고 있다고 자부할 수 있는가? 내가 겪은 몇 사례만으로도 지금의 고객을 가르치려는 자세는 매우 위험하다. 자칫하다간 우리가 먼저 무장해제를 당하기 십상이다. 그럼에도 불구하고 소비자를 가르치려는 기업과 직원들이 여전히 많다. "고객님, 이건 이렇게 하셔야 되고, 저건 저렇게 하셔야 합니다." 그렇기에 세계 84개국에 7,000여 명의 직원을 둔 광고회사 사치앤사치(Saatchi&Saatchi)의 대표 케빈 로버츠는 "기업이 성공하기 위해선 소비자들에게 무엇을 가르치거나 알려 주려 하지 말고 사랑을 받으려고 노력해야 한다"고 말하지 않았을까 싶다. 자신 있게 제품에 대한 설명을 하되 고객의 구매까지 안내자로서의 역할로 최선을 다해야 한다. 그 과정에서 고객으로 하여금 당신이 전문가로 느껴지도록, 신뢰할 만한 사람이라고 느껴지도록 해야 한다. 고객은 당신보다 더 많은 정보를 알 수 있는 문명의 혜택을 누리고 있다는 사실을 기억해야 한다. 이는 무엇보다 고객을 만족시키는 데 필요한 기본 자세요, 문제를 해결하는 데도 필요한 기본 자세이다.

고객을 만족시키는 오감 서비스를 하라

고객은 오감으로 브랜드를 접한다

20대에는 이사할 때 꼭 주변에 도서실이 있는 집을 골랐다. 지금이야 책을 읽든 교안을 작성하든 주구장창 커피숍을 이용하지만, 그때만 해도 그게 익숙지 않아 집중이 어려웠기 때문이다. 도서실에 들어서면 특유의 향이 느껴진다. 책과 나무의 냄새 말이다. 그런데 내 기억에 강하게 남은 어느 한 도서실은 향이 독특했다. 정확하게 표현하면 너무 좋은 향이 났었다. 그 도서실만의 향처럼 느껴지도록 시그니처 디퓨저를 각 공간마다 배치하여 기분을 좋게 하였다. 게다가 입구에는 향긋한 커피향이 나도록 원두를 내려놓아 항상 그 도서실을 이용하게 만들었다.

최근 인간의 감각, 즉 오감(시각, 청각, 후각, 미각, 촉각)을 통해 고객을 만족시키는 것들의 활동들이 각광을 받는다. 오감 브랜드나 오감 마케팅 활동들 말이다. 이러한 활동들은 고객으로 하여금 제품과 브랜드에 대한 호감을 갖게 하고, 나아가 제품과 브랜드와의 관계를 긴밀하게 만든다. 성공적인 오감 서비스의 사례를 살펴보자.

(1) 시각

알엑스바(RXBAR)는 천연재료를 사용하여 만든 미국 브랜드의 에너지바이다. 미국에만 2,000개 이상의 에너지바 회사가 있지만 과도한 첨가물이 든 것들이 많았다. 알엑스바는 정직함과 건강함이라는 뚜렷한 차별성을 가진 브랜드였지만 소비자에게 크게 주목받지는 못했다. 이를 고민하던 개발자는 남들이 만든 기준을 바꿔 버리는 극적인 시각변화를 주었다. 바로 면적 80%에 제품 원료를 표시하고 브랜드네임을 작게 표시한 것이다. 모두가 미쳤다고 했다. 하지만 진정성을 담은 패키지디자인은 정반대의 결과를 보였다. 미국 홀푸드 마켓에서 고객들이 가장 사랑하는 톱 브랜드로 선정된 것이다. 2017년에는 디자인어워드 우승작으로 선정되기도 하였다. 시각 서비스는 이런 것이다.

(2) 청각

국내 멀티플렉스 3사는 모두 사운드 특화관을 운영 중이다. 메가박스 'MX', CGV '사운드X', 롯데시네마 '애트모스' 관이다.

2012년 CGV가 도입한 사운드X는 영상의 움직임에 따라 X, Y, Z
의 3차원의 축으로 구현되는 입체 음향 시스템이다. 이러한 음향
시스템은 관객에게 3자가 아닌 1인칭 주인공 시점을 느낄 수 있
게 해 주는 생생한 사운드를 제공하는 청각 서비스이다.

구글의 음성검색 서비스는 청각 패러다임을 이끌고 있다. 스티
브 잡스가 촉각(손가락)으로 혁신을 일으켰다면, 구글과 아마존
은 청각으로까지 지평을 넓히고 있다고 볼 수 있다. 실제로 구글
은 2016년에 모바일 검색의 20%가 음성에서 나온다고 밝혔다.
지금은 더 늘었을 것이다. 나 역시 바쁘고 문자를 쓰기 귀찮을
때 음성인식을 많이 활용하고 있다. 한글의 우수성으로 아직까
지 우리나라는 외국보다 음성 활용도는 낮다. 하지만 카카오나
SKT와 같은 여러 IT 업계에서는 음성인식 개발에 많은 자원과
노력을 쏟고 있다. 덕분에 우리는 인공지능 스피커(SK의 '누구', KT
의 '지니' 등)의 편리성이 점점 생활 속에서 자리 잡고 있다.

(3) 후각

과거에는 많은 기업들이 시각 또는 청각 위주의 서비스를 제공
하였다. 싱가포르 항공사는 세계 최고의 위상을 자랑하는 항공
사이다. 이 항공사가 후각을 겨냥한 오감 서비스를 제공했을 땐
그야말로 명성답게 획기적이라는 평을 받았다. 후각은 오감 중
가장 예민하고 기억에 오랫동안 남는 감각기관이라고 한다. 유명
향수 업체와 함께 기획, 제작하여 싱가포르 항공사만의 향기를

제공하였다. 바로 그 유명한 스테판 프로리안 워터스 향이다. 이 항공사를 이용하는 고객들은 비행하는 동안 기내의 독특한 향기의 추억을 덤으로 얻게 되는 것이다.

(4) 미각

인도는 쓰레기와 환경 문제로 몸살을 앓고 있는 나라이다. 게다가 전 세계에서 가장 많이 플라스틱 숟가락과 포크를 사용하는 국가이기도 하다. 인도 국제 농작물연구소의 연구원인 나라야마 피사파티(Narayana Peesapaty)는 이러한 환경오염을 생각하다 재미난 아이디어로 에디블 컷러리(Edible Cutlery)라는 제품을 만들어 내놓았다. 에디블 컷러리는 팥, 수수, 쌀 등으로 만든 친환경 식기도구다. 사용 후 먹어 버릴 수도 있는 숟가락이다. 먹지 않고 버릴지라도 5, 6일 후면 썩어 분해되어 환경오염에 지장이 없도록 한 것이다. 맛도 스위트, 스파이시, 플레인 등 여러 가지로 만들어 골라 즐길 수 있도록 하였다. 과연 눈에 띄는 미각 서비스이다.

수년 전부터 우리나라는 지금 '먹방', '쿡방'이 방송계를 넘어 일상까지 화제이다. 이 같은 아이디어가 우리나라에서도 적극 활용된다면 얼마나 좋을까.

(5) 촉각

자동차나 핸드폰처럼 직접 만지며 이용하는 제품이라면 촉감 서비스에 많은 노력을 기울이는 것은 당연할 수 있겠다. 가령, BMW의 아이드라이브(i-Drive) 다이얼처럼 운전하면서 손가락 근육과 촉감만으로 700여 가지의 기능을 조정할 수 있는 기술이나, LG가 우리나라 최초로 선보인 터치 스크린 프라다폰이 열어 놓은 핸드폰의 가능성을 생각해 보라.

　그중에도 가장 인상 깊었던 촉각 활동은 2013년 5월 부산 사직구장에서 진행된 유니세프의 '홀드 어 라이프(Hold a Life)' 캠페인이다. 아프리카에서 안타깝게 죽어가는 아이들을 하늘 위로 날아가는 파란 풍선에 상징화시킨 모금 활동 캠페인이었다. 아프리카에서는 5초에 1명의 어린이가 굶어 죽었다. 5초마다 하나씩 날아가는 풍선을 보며 사람들은 날아가지 않도록 박스에 손을 직접 넣어 풍선을 붙잡는다. 부산의 한 야구장에서 열린 캠페인이었지만 SNS의 힘으로 22,000여 명이 참여했고, 약3,000만 원의 기부 금액이 모였다. 이 캠페인은 단순 동정심에 호소한 뒤 모금하는 것을 넘어 기부자가 직접 몸으로 참여하여 마음으로 공감하고 재미와 보람을 함께 느낄 수 있게 하였다. 이후 이 같은 참여형, 즉 촉감을 활용한 방식의 캠페인이 대폭 늘었다. 이 캠페인은 기부의 새로운 형식을 탄생시켰다는 평가를 받으며 다양한 광고제에서 수상을 하기도 했다.

고객의 오감에 주목하라

지금의 소비자들의 제품 선택은 보고, 듣고, 만지고, 냄새 맡고, 맛을 느끼는 감각적인 느낌에 크게 좌우되고 있다. 하나의 감각만으로 그치지 않고 여러 감각을 동시에 활용하는 적극적인 오감 서비스 활동이 필요하다. 가령, 자동차의 촉감을 좋게 하는 것은 물론 덤으로 새 차를 사더라도 매력적인 향이 나도록 후각 서비스에도 힘쓰는 자동차 업계처럼 말이다. 마케팅 전문가 마틴 린드스트롬(Martin Lindstrom)은 오감을 활용할수록 브랜드 결속과 소비자들이 인식하는 브랜드 가치는 더욱 증가한다는 연구결과를 내놓았다(다음의 그래프 참조). 기업들이 오감 서비스에 관심을 가져야 하는 이유가 여기 있는 것이다.

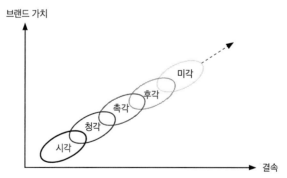

오감의 활용이 브랜드 결속 및 가치에 미치는 영향

자료: 『세계 최고 브랜드에서 배우는 오감 브랜딩』, 마틴 린드스트롬(2006.4.)

그대가 취급하는 제품 혹은 브랜드만이 가지고 있는 고유의 촉
감이 있는가? 향기는 어떤가? 소리는? 이를 위해 고객들이 가지
고 있는 오감 욕구가 무엇인지 파악하고 충족시키도록 노력하라.

자세와 옷 컬러도 언어다

깔끔한 용모로 말에 신뢰를 더하라

두 번째로 몸담았던 제약계의 J회사는 헤드헌터의 안내로 고민 끝에 입사를 결정하였던 곳이었다. 교육팀이 도입되는 자리였다. 업무를 본격적으로 시작하기 전, 회장님과의 미팅시간을 갖게 되었다. 새로 온 직원으로서 인사를 드리러 갔는데 회사의 교육 방향에 대한 오너의 의중을 들을 수 있었다. 놀랍게도 직원들의 복장에 대한 불만을 토로하셨다. CS 교육을 강화시켜 특히 복장교육에 신경 써 달라는 당부의 말씀을 주신 것이다. 입사 후한두 해는 격주 토요일 오전 근무가 있었다. 이때만큼은 회사에서 자유복장을 허락하였는데 청바지나 긴 치마를 입고 출근한 직원들을 보고 놀라셨던 모양이었다.

과거에 비해 요즘엔 많은 회사들이 복장규제를 완화시켰다. 1970년대 유가폭등으로 에너지 절약이 이슈가 되더니 1990년에는 빌 게이츠, 스티브 잡스가 운영하는 IT 업계에서 먼저 복장을 편하게 입기 시작하였다. 이에 질세라 삼성그룹도 2008년 이건희 회장 때부터 비즈니스 캐주얼이 내부 지침으로 안내되었다. 회사마다 허용 기준은 제각각이지만 중요한 것은 직장 분위기와 매치는 기본이요, 정장의 장점은 분명히 있기 때문에 영업이나 고객 접촉이 많은 부서는 복장자율화에서 제외시켰다는 것을 기억해야 한다. 왜 청바지와 긴 치마, 유행에 걸맞은 섹시한 옷은 안 될까? 우리가 복장을 갖춰 입는 목적은 비즈니스라는 것을 염두에 두어야 한다. 보다 더 편하게 입을 수 있도록 허락된 곳은 역시 홍보나 광고, IT 업계처럼 창의적인 생각을 전문적으로 해야 하는 회사인 것이다.

줄곧 사내 강사로 활동하다 보니 복장교육은 주구장창 해왔다. 학교를 졸업하자마자 일을 시작했기에 지금까지도 사복이 별로 없다. 알게 모르게 나 스스로를 교육 내용과 부합하도록 더 노력하며 살았다. 영업부 교육은 더 관심을 두고 진행해야 하는 과목 중 하나였다. 여러 해를 교육하다 보면 콘텐츠의 다양성과 내용의 깊이에 대해 고민하고 공부를 하게 된다. 어쩔 수 없는 사내강사의 숙명이다.

교육을 진행하고 수많은 피드백 속에서 CS 교육에 대한 긍정적 피드백을 많이 받았다. 특히 복장과 이미지메이킹은 직원들에게도 인기였다. 한 영업사원은 영업사례발표를 통해 다음과 같이 발표하였다.

"회사에서 CS 교육 시간을 통해 교육받았던 인사, 전화 받는 태도, 복장, 용모, 화법 등이 영업에 많은 도움이 되었습니다. 예전에 점퍼를 입고 영업할 때는 거래처에서 '아저씨'라고 불렀습니다. 그런데 교육 후 정장을 입고 다니니 지금은 '김 부장님'이라고 불러주십니다. 화법에 대한 교육은 제 자신부터 존대어를 사용하게 만들었습니다. 거래처에서도 덩달아 존대로 화답해 주셨습니다."

커피숍에서 책을 읽다가도, 대중교통을 이용하면서도 멍하니 사람들을 바라볼 때가 있다. 의도하지 않았지만 순간적으로 '저 사람은 직장인이구나', '저 사람은 뭔가 더 전문적인 일을 하는 사람 같다'는 생각을 할 때가 있다. 사람을 겉모습으로 평가하면 안 된다는 것을 누구보다 잘 알고 있지만, 이는 어쩔 수 없는 인간의 본성이다. 이처럼 복장은 그 사람을 평가하는 중요한 척도가 된다. 이것이 복장이 주는 힘이다.

친구를 만날 때와 연인을 만날 때 복장의 선택은 상당히 달라지지 않은가? 더욱이 후자의 경우 내 몸가짐도 달라진다. 약속 장소로 가는 길, 버스가 떠나는 걸 발견했다면 후자보다 전자였을 때 잽싸게 달려가 붙잡을 가능성이 높다는 것에 쉽게 공감할 것이다. 이처럼 복장은 그 사람의 자세나 태도까지 공손해지도록 한다. 남동생이 군대를 제대하고도 한 번씩 민방위훈련을 하러 갈 때 군복을 입은 모습을 보곤 했다. 잘 차려입고는 마지막에 모자를 눌러쓰면서 항상 요상한 포즈를 해댔다. 내 눈엔 뭔가 모르게 거만하고 껄렁한 모습이었다. 이해할 수 없지만 이 역시 복장의 힘인 것이다. 그래서 나는 교육 시에 복장이 주는 효과를 강조하는 편이다.

이처럼 자세와 복장은 당신이 생각하는 것보다 중요하다. 당신의 용모는 당신의 말에 신뢰감을 더해 준다는 사실을 기억해야 한다. 정장에 가까울수록 전문성과 신뢰감은 상승한다. 그 때문에 상대에게 만만하게 보이지 않게 보여야 하는 업무를 하는 입장이라면 더더욱 신경 쓸 필요가 있다. 이것은 고객을 직접적으로 만나는 영업사원에게만 해당되는 것이 아니다. 직장 내에서도 그대의 외적 모습은 그대가 어떤 사람인지를 나타내는 하나의 척도요, 평가 요소이다. 회사가 말하지 않고 있을 뿐이다. 구겨진 옷이나 손톱을 물어뜯는 사소한 습관조차도 그대의 평판에 중요한 인상을 남긴다. 당신이 회사의 오너라고 생각해 보면 이는 더 실감나게 공감할 수 있다. 회사를 대표하는 자리에 누구를 내세우고 보내고 싶을지를 말이다. 단정치 못한 옷을 입은 직원이 회사의 중요한 일을 대표로 맡는 것을 원하는 사람은 없다. 그러니 회사가 원하는 이미지로 자신을 가꾸는 노력을 해야 하는 것이다.

당신의 가치를 높이는 외모 관리 팁

많은 회사들이 비즈니스캐주얼을 선호하기에 이에 대한 팁도 자주 공유한다. 그 사람의 옷차림은 물론 선택되어진 색채, 메이크업의 형태나 헤어스타일 심지어는 피부 관리에 이르기까지 그 사람의 심성이나 생각을 읽게 한다. 이왕이면 다홍치마라고 알고 있으면 그대를 빛내 줄 유용한 정보를 나눠 볼까 한다. 물론 간단하게 기억할 수 있는 것 말이다.

적당한 캐주얼에 재킷만 걸쳐도 격식이 느껴지면서 비즈니스 캐주얼로 보인다. 이런 저런 선택이 어렵다면 구두를 신는다고 생각하거나 그날 신을 구두에 맞춰 옷장을 둘러보면 한결 가볍게 코디할 수 있을 것이다. 옷은 예쁜데 입고 보니 어딘가 모르게 유난히 피곤해 보이거나 어색해 보일 때가 있다. 이는 자신에게 어울리는 색깔을 선택하지 않았기 때문이다. 자신에게 가장 잘 어울리는 색과 톤을 기억한다면 코디할 때나 쇼핑할 때도 시간을 줄일 수 있다. 자신에게 가장 잘 어울리는 색은 무엇인가?

보통 사람의 피부 톤을 사계절에 빗대어 4가지로 나눈다. 웜톤, 쿨톤으로 축소시켜 이해를 돕기도 한다. 이를 퍼스널 컬러라고 하는데, 어렵게 생각할 필요는 없다. 내 머리 색깔이 약간 갈색이면서 피부도 노랗다면 나는 웜톤이다. 그래서 이왕이면 액세서리는 실버보다 금색을 착용해야 더 빛난다. 다음의 표를 보면 이해가 갈 것이다. 그대의 피부 톤은 어느 쪽인지 어떤 액세서리가 어울릴지 생각해 보라. 그리고 그대의 피부 톤을 기억해 두었다가 쇼핑할 때 직원에게 웜톤에 어울리는 옷을 추천해 달라고 하면 간단해진다.

	쿨 톤(Cool) - 여름, 겨울 피부 톤 -	웜 톤(Warm) - 봄, 가을 피부 톤 -
머리색	아주 까맣다, 붉다	약간 노랗다
눈썹색	까맣다, 하얗다	그 외 모든색
눈동자색	까맣다	갈색, 노란색
피부색	하야면서 붉은 기운이 돈다	노랗다
액세서리	실버	골드

바로 앞장에서 많은 기업들이 오감을 자극하여 고객을 만족시키는 활동 사례들을 만났다. 어찌 보면 우리 모두는 오감으로 고객을 만족시킬 수 있는 최고의 상품이 아닐까 싶다. 나에게서 풍기는 태도와 용모는 최고의 시각 서비스인 것이다. 어떤 문제를 해결해야 하는 상황이라면 더욱 신경 쓸 필요가 있다. 자세와 옷 컬러조차도 그대를 만만하게 보지 못하도록 어필하고 있음을 기억하라.

언뜻 보기에 유행에 민감하고 섹시한 사람이 예뻐 보인다. 하지만 이는 직장인에게 적합하지 않은 인상을 심어 준다. 고객을 상대하는 서비스맨은 두말할 필요도 없지 않은가? 복장이란 때와 장소를 가릴 줄 알아야 한다. 직장에서 인정받고 승승장구하고 싶은가? 보수적일수록 진지한 이미지를 주기도 한다. 친절사원으로 선정된 우수한 직원의 모습을 자세히 들여다보라. 그래도 모르겠다면 그대가 속한 회사에서 정상에 오른 임원을 보고 배우면 된다.

성공하는 서비스맨의 7가지 습관

이 장을 펼치자마자 스티븐 코비(Stephen Covey)가 생각났을 것이다. 우리는 『성공하는 사람들의 7가지 습관』이라는 그의 책을 통해 많은 교훈을 얻었다. 어떻게 이 교훈을 서비스맨들에게 효과적으로 적용할지 생각해 보았다.

이 교훈은 상당히 자연의 원리와 일반 인문학에 근거하고 있다. 그래서 문화나 민족, 다양한 성격이나 교육 수준 등에 상관없이 누구에게든 유용하게 적용된다. 서비스맨에게도 별반 다르지 않다. 하지만 나는 직장인이라는, 특히 서비스맨이라는 특정 분류로 비추어 보았을 때 '성공하는 서비스맨의 7가지 습관'의 목적은 자신의 역량을 계발하고 성장해 나가는 데 두고 싶다.

1) 능동적인 태도를 가져라

보통 직장 내에서 승진이나 인정받는 사람들의 특징을 보면 대개 능동적인 태도를 지니고 있다. 이는 우리가 눈치 채지 못한 것일 뿐 그들에게는 미리미리 대비하는 습관이 숨겨져 있다. 그래서 모두가 바빠 허우적거리는 동안에도 도리어 스스로 일을 찾아서 하는 사람처럼 보이는 것이다. 누가 시키지 않아도 말이다. 그 결과는 어떤가? 모두가 기피하는 일에도 적극적으로 대처하는 모습으로 비춰져 그에게는 더 많은 책임과 권한이 주어진다. 그래서 수동적인 사람은 스스로 적절한 시기가 왔다고 생각하지만 얻지 못하는 것이다. 기회가 왔을 때 잡는다고 그냥 잡히지 않는다. 미리 잡을 수 있는 준비가 돼 있어야 하는 것이다.

서비스도 마찬가지로 적극적으로 자신이 가지고 있는 지식들을 활용해야 고객을 만족시킬 확률이 높아진다. 가령, 고객의 요청사항을 미리 여쭈어 보거나 예측해서 보다 신속하게 제공하는 태도 말이다. 고객이 와서 요청할 때까지 기다릴 필요가 없는 것이다. 이런 부류의 사람들은 배움에도 소홀하지 않는다. 시간이 흐르면 수동적인 사람들과의 차이는 분명하게 나타난다.

2) 일의 본질을 생각하라

서비스맨에게 있어서 일의 본질, 즉 목표는 무엇인가? 궁극적으로는 충성고객을 확보하는 것이다. 충성고객은 내가 노력하지 않아도 찾아오는 사람이다. 한 번 찾아온 고객을 충성고객으로 만들겠다는 생각을 가지고 접근하고 관리하여야 한다. 이러한 생각은 목표달성에 가까워지도록 그대의 모든 태도를 변화시킨다. 마찬가지로 부하 직원이, 동료가 왜 그대를 잘 따라주지 않을까 고민해 본 적이 있는가? 그 고민을 '어떻게 하면 충성을 얻어 낼 수 있을까?'로 바꿔 보아라. 그러면 그대가 놓치고 있는 것과 문제점을 발견하게 될 것이다.

3) 우선순위를 메모하라

신이 인간에게 공평하게 준 유일한 것이 시간이다. 하루 24시간에 모든 것을 잘 한다는 것은 쉽지 않다. 일의 우선순위를 잘 기억하여 대처하는 것이 중요하다. 성공자들의 공통적인 특징이 하루를 48시간처럼 사용한다는 것이다. 하지만 그 안에 선택과 집중은 분명하다. 그래서 우리가 상상할 수 없는 일의 양을 해내는 것이다.

관리자의 입장에 놓여 있는 사람이라면 부하 직원에게 얼마큼의 재량을 부여할 것인지를 매일 숙고해야 한다. 모든 일을 자신의 손이 거쳐야 직성이 풀리는 사람은 이미 그 관리자의 역할이 맞지 않는 사람이다. 당연히 성공은 저만치 멀어져 있는 것이다. 정해진 비용과 시간 안에 끝내는 것이 최우선이어야 한다. 일의 완수가 결국엔 존경을 받게 된다.

서비스맨들이여, 고객의 충성도를 확보하기 위해서 그대가 무엇을 먼저 해야 하는지 우선순위를 적어 보라. 그리고 새벽 혹은 퇴근 이후라도 스스로가 성장할 수 있는 계획적인 삶을 살기 바란다.

4) 기브 앤 테이크(Give and take), 먼저 주는 법을 배워라

서비스는 무상의 봉사가 아니다. 하지만 이익을 얻는 데 있어 가장 효과적인 방법은 기브 앤 테이크(Give and take), 즉 먼저 주는 것이다. 결국 이것이 윈윈(Win-Win) 전략인 것이다. 고객이 원하는 것을 주어야 한다. 원하는 것이 무엇인지 모르겠다면 물어서라도 알아내는 것이 성공하는 서비스맨이 아닐까? 때문에 회사는 서비스 교육을 통해 고객의 욕구를 알아내는 스킬이나 화법들을 알려 주는 것이다. 그러니 왜 고리타분한 여러 교육들을 받아야 하는지에 대해 불평하지 마라. 먼저 주는 법을 잘 알고 실행했다면 고객의 지갑을 가볍게 열게 할 수 있었을 것이다. 고객은 그들의 이익에 진정한 관심을 보이는 서비스맨에게 기꺼이 자신의 요구사항을 이야기하게 돼 있다. 이는 모든 일과 생활에서도 마찬가지이다.

5) 고객 만족은 경청, 또 경청이다

경청은 아무리 강조해도 지나치지 않은 지혜이다. 스티븐 코비는 상대방의 이야기를 끝까지 경청한 다음 우리의 입장을 이해시키라고 조언한다. 상대가 나를 알아주지 않는다고 먼저 자신의 입장을 설명하려는 태도는 좋지 않다. 오해를 풀어야 한다는 것을 핑계 삼아 상대방의 이야기를 중단시키는 일은 매우 위험하다. 도리어 열심히 듣고도 자신의 입장을 이해시키는 과정을 포기해야 하는 경우도 많다는 것쯤은 알아야 한다.

사실 고객을 대할 때나 긴장된 상태에서는 잘 듣는다는 게 그리 어렵지 않다. 하지만 상대적으로 높은 위치에 있는 이들은 지나치게 자신의 말만 하는 경우를 많이 보고 겪었다. 모두가 그를 기피하는데 안타깝게도 자신만 그 사실을 모르는 경우가 많다. 아랫사람이나 편하다고 생각되는 사람의 이야기조차도 잘 들으려는 노력이 필요하다. 자신의 간극 모습을 살펴보라.

6) 함께 길게 가라

'혼자 가면 빨리 가지만, 함께 가면 멀리 간다'. 한 번쯤은 들어보았을 아프리카의 유명한 속담이다. 아프리카는 가도 가도 끝없는 사막과 짐승의 위험이 있기 때문에 생겨난 말이 아닌가 싶다. 그렇다. 혼자 가면 빨리 갈 수는 있겠지만 오래 멀리 가지는 못한다. 이는 단순 거래관계를 넘어 인간관계에서도 마찬가지라는 것을 우리는 너무도 잘 알고 있다. 인간은 사회적 동물이다. 혼자보다는 둘이, 둘보다는 셋이 함께해야 시너지가 난다. 가는 길에 만나는 어려움들을 서로 의지한다면 보다 쉽게 극복할 수 있다. 혼자서 지나치게 잘하려 하지 말고 앞뒤 살피면서 가길 바란다. 함께 가고 싶은 당신이 되기를 바란다.

7) 당신의 길을 가라

성공하는 서비스맨은 자신을 성장시키는 일을 게을리 하지 않는다. 바쁜 사람이 오히려 더 많은 일을 하면서 운동도 한다. 나는 보통 자기계발을 위한 학업 아니면 회식이나 특별한 약속으로 저녁시간을 보낸다. 그래서 무조건 새벽에 운동을 등록한다. 교육일이란 새벽 출장도 많아 이마저도 빠지기 일쑤지만 그래도 항상 운동하는 사람으로 인식되었다. 내가 성공자라는 말은 아니다. 이렇게라도 해야 겨우 다른 사람들과 비슷하게 경주를 할 수 있는 사람이라는 것을 잘 알기 때문이다.

다른 사람과 자신을 비교하지 말고 당신은 당신의 길을 가라. 남들이 뭐라고 하건 당신의 행동은 나중에 충분히 보상받을 것이다. 오늘 당신의 생각과 행동이 내일의 당신 모습을 그려낼 것이다. 누군가는 그대를 비난할지도 모른다. 이는 시기일 가능성이 크다. 옳다고 생각된다면 신념을 가지고 멈추지 말고 가도 좋다. 평온하다는 것은 내가 아무것도 시도하지 않았다는 증거이다. 고단하고 힘들다는 것은 그만큼 고지를 향해 가는 길목에 있다는 증거이다. 두려워 말고 작은 일이라도 도전하는 정신은 매우 중요하다.

'성공하는 서비스맨의 7가지 습관'은 고객의 충성도를 높이는 동시에 자신의 삶을 향상시켜 주는 기본 바탕이 된다. 고객만 생각한다고 지속적인 성과를 거두기는 어렵다. 자신의 몸과 마음까지 건강하게 관리하는 균형 잡힌 삶이야말로 진정한 성공을 가져다준다. 학창시절 공부 잘하는 아이가 놀기도 잘 놀았다. 이는 아이에게만 해당되는 말이 아니라는 것을 사회생활을 통해 피부로 느낀다.

급변하는 세상이다. 기업들도 자동화 시스템을 도입하여 사람을 대신해 기계로 많은 서비스를 제공한 지 오래다. 이는 인력을 대신해 주는 것일 뿐 감동을 느끼도록 해 주지는 않는다. 인력이 대체된 만큼 인심이 아쉽기만 한 지금이다. 그럴지라도 이 도구 (시스템)를 관리하는 것도, 잘 이용할 수 있도록 돕는 것도 남아 있는 서비스맨들의 몫이다. 오래 살아남기 위해서 기업뿐만 아니라 개인도 꾸준히 자기를 계발하는 데 힘써야 한다. 좋은 습관으로 성공하는 서비스맨이 되기를 바란다.

고객 유치보다 고객 유지에 힘써라

구관이 명관

운동에 집중하기 시작한 것은 2년 전부터다. 하루의 시작이나 마감을 운동화와 함께하고 있다. 학창시절에도 신지 않던 신발이다. 얼마나 뛰고 걸었는지 새 운동화를 마련하였다. 며칠째 새 운동화로 새벽을 시작했는데 발이 불편하다. 뒤꿈치를 보니 벌겋게 달아올라 있었다. 안 되겠다 싶어 버리려던 운동화를 끄집어내 세탁해 두었다. 오늘은 신던 운동화를 신고 새벽공기를 마셨더니 좀 살 것 같다. 발이 편하다. 2년간 알게 모르게 내 발에 길들여져 있었던 모양이다.

'구관(舊官)이 명관(明官)'이라고 시간이 흐를수록 새 것보다 오래된 것에 더 애착이 갈 때가 있다. 물건이든 사람이든 말이다. 어릴 적부터 유난히 내 후각은 예민했다. 그래서 냄새나는 새 아파트로 이사 가는 게 싫었다. 아빠가 새로 마련한 차 냄새에는 더 멀미가 났다. 얼마 전에는 누군가 새해 선물로 다이어리를 주었다. 고맙긴 했지만 내 손때 묻은 녹색 다이어리가 더 좋다. 생애 첫 월급으로 큰맘 먹고 마련했던 다이어리다. 오랜 시간 나와 함께하면서 추억도 의미도 남다른 애장품이라 새해 속지로 갈아 끼워 놓은 지 오래다.

집으로 돌아오는 길, 떠오르는 태양빛에 반사되어 반짝이는 구름과 불광천을 보면서 생각했다. 새 것에서 느끼는 흥미로움도 좋지만, 빈티지와 바꿀 수 없는 느낌이란 게 있다. 오랜 친구에게서 느끼는 편안함이 있다. 어디 친구뿐이랴. 태양빛에 붉어진 구름의 모습이 내 발 뒤꿈치와 어딘가 모르게 닮았다. 헌 운동화는 새 운동화보다 가성비가 뛰어나다고 내게 말해 주고 있었다.

10·10·10 법칙, 있을 때 잘하자

고객이 기업을 바꾸는 이유의 70%가 더 나은 서비스를 위해서라고 한다. 이탈률 5%만 줄여도 수익이 업종에 따라 25%에서 85%까지 증가한다는 통계가 있다. 따라서 고객 유지는 유치보다 이익이 될 수 있는 것이다.

J회사는 의약업계에서도 최고 매출을 기록하는 기업이다. 올해 매출 집계만 3조가 넘어섰다는 보도를 보았다. 과거 전사 교

육을 기획하고 운영하면서 영업사례발표 시간을 통해 신규 거래처를 뚫기 위해 최소 4, 5번의 방문을 해야 한다는 사실을 알게 되었다. 신규 거래처로 만들고도 많은 공을 들이고 신뢰를 얻어내야 매출이 올라가니 쏟는 정성에 비하면 기존 거래처가 얼마나 소중한지 새삼 깨닫곤 하였다. 가끔 이런 저런 이유로 기존 거래처의 관리가 소홀해져 치명적인 결과에 우는 영업사원의 모습도 보았다. 영업사원은 매달 신규를 발굴해야 하는 숙명을 가지고 있을 것이다. 그렇다고 이로 인해 기존 고객의 마음을 빼앗겨서는 안 된다. 오랜 시간 공들인 매출을 잠시 한눈파는 사이에 소액으로 하향한다면 신규를 뚫지 못해 매출을 좀 더 올리지 못한 것보다 더 치명적인 결과를 낳는다. 고객 유지가 왜 중요한가는 매출 감소 방지에 있다는 것을 기억해야 한다.

서비스업계에는 '10·10·10 법칙'이라는 유명한 말이 있다. 이는 '기존 고객을 유지하는 데에는 10달러의 비용이 소요되지만 새로운 신규 고객 유치에는 5배의 시간과 비용이 든다. 고객을 잃는 데에는 10초면 충분하지만 그 고객을 다시 되찾는 데에는 10년이 걸린다'라는 뜻의 법칙이다. 한 명의 고객을 발굴했을지라도 기존 고객 한 명을 잃어버린다면 이는 그간의 노력과 시간, 그리고 기회비용까지 놓치는 결과가 된다.

기존 고객을 대상으로 확실한 유지 마케팅 활동을 펼친다면 다른 상품에 대한 교차 판매의 기회도 넓힐 수 있기 때문에 수익의 볼륨도 키울 수 있다. 앞에서 나누었던 이야기지만 고객을 좀 더 세분화하여 분류·관리한다면 더 효율적일 것이다. 그뿐만 아니라 잘 유지된 고객들은 호의적 구전효과를 통해 신규 고객 창출에도 기여한다. 따라서 광고비를 들이지 않고도 자연스럽게 신규 고객을 확대해 나가는 효과를 거둘 수 있다. 그러니 경쟁사에 기존 고객을 빼앗기지 않도록 더 노력해야 한다. 빼앗긴 고객으로 인해 기업의 수익성 악화는 물론 경쟁력 저하가 일어날 것은 불 보듯 뻔한 것이다.

기업의 고객 유지 마케팅 사례

(1) 홈플러스

홈플러스는 이 같은 고객 유지 마케팅 활동을 적극적으로 하여 효과를 본 기업 중 하나이다. 내가 가까운 마트를 두고 두 정거장이나 더 멀리 있는 홈플러스까지 장을 보러 가는 데에는 이유가 있다. 쿠폰을 사용하기 위해서다. 홈플러스는 테스코(Tesco)의 자회사이다. 테스코는 처음부터 고객 정보를 기반으로 고객 세분화 작업을 진행하였다. 이를 바탕으로 각각의 고객 니즈에 맞는 맞춤형 쿠폰을 발행하여 지금까지도 지속적인 구매를 이끌어내고 있다. 실제로 업계 평균 쿠폰북 사용비율 중 테스코 쿠폰북이 상당히 높은 수준이라고 한다. 그뿐만 아니라 테스코는 오프라인과 온라인을 연계하여 고객의 구매 패턴이나 라이프스타일에 근거한 고객 중심적 서비스를 개발하여 큰 성공을 거두고 있다. 내가 장을 보면서 지급받은 쿠폰만 쓰고 오게 될까? 아니다. 그동안 사려고 마음먹었던 것까지 모두 사 오게 되는 심리는 말하지 않아도 누구나 공감할 것이다.

(2) 신라호텔

너도 나도 간다는 호캉스를 나도 작년에 해 봤다. 좋았다. 새로운 경험이었다. 호캉스는 호텔(Hotel)과 바캉스(Vacance)의 합성어로, 휴가를 국내 호텔에서 즐기는 것을 말한다. 작년에 이용했다고 S호텔에서 올해도 이용하라며 이런 저런 혜택과 안내가 담긴 소책자를 집으로 보내 주었다. 이런저런 핑계를 댔지만 올여름은 작년보다도 더워서 또다시 호캉스를 이용하게 되었다. 무엇보다 할인 혜택이 커 쉽게 결정을 내릴 수 있었다. 책을 많이 읽고 오겠다며 잔뜩 들고 갔지만 멍 때리는 시간만 갖고 돌아왔다. 호캉스족들이 진정한 휴가는 여행이 아니라 휴식이라더니 내가 꼭 그렇게 이용하고 오게 된 것이다. 가끔은 나의 정신을 이렇게 온전히 쉬게 해 주는 것도 참 좋겠다는 생각을 했다. 그래서 나는 주변 친구들에게 호캉스를 적극 추천하는 편이다.

호텔 분야에서는 쉐라톤 그랜드 워커힐이 고객관계관리(CRM)에 대한 중요성을 가장 먼저 깨닫고 도입하였다고 한다. 물론 내가 이용한 호텔은 아니다. 워커힐 호텔은 2000년 초부터 각 지점에서 별도로 관리되는 고객정보를 통합하고 이를 바탕으로 고객 세분화 작업을 해 나갔다. 세분화한 고객들에게 맞춤형으로 각기 다른 프로모션을 제공하는 마케팅을 진행하였다. 매달 생일을 맞은 고객에게는 더 특별한 혜택을 제공하는 이벤트를 진행하기도 하였다. 그 노하우는 축적되어 여전히 더욱 발전된 서비스로 제공되고 있다. 매달 우수고객을 선정하여 고객과의 관계를 이어가는 마케팅을 보면 고객이 떠나지 못할 만하다 싶다. 내가 이용했던 S호텔에서 내년에도 어떤 혜택과 안내로 나를 유혹할지 벌써부터 기대가 된다. 어차피 호캉스를 갈 거라면 S호텔에서 보내 올 안내 책자나 혜택 소식을 우선적으로 볼 것이다.

여기저기 고객을 유혹하는 서비스들이 넘쳐나고 있다. '아차' 하는 순간 기존 고객을 경쟁사에게 뺏기면 도태되기 십상이다. 새로운 고객을 발굴하는 노력도 필요하지만 기존 고객을 잘 유지하는 것이 장기적으로 매출에 용이하다는 사실을 깨달아야 한다. 어느 통계자료에 의하면 그 수익성이 무려 5~7배나 된다고 한다. 그러니 기업이 고객과의 관계 유지를 위해 무엇보다 힘써야 하는 것이다. 그대는 어떤 제품을 고객에게 제공하고 있는가? 기존 고객의 구매 형태나 라이프스타일을 면밀히 분석하여 그들이 보다 가치 있다고 느끼는 맞춤형 서비스와 제품을 제공하는 것은 어떨까?

사라질 것인가, 살아남을 것인가

성능 좋은 그 제품이 선택받지 못한 이유

사방의 색깔이 무척 예쁜 요즘이다. 나도 모르게 카메라를 들고 공원을 향했다. 이 가을빛과 느낌을 필름에 담아 두고 싶었다. 집에서 확인하고 나왔는데 갑자기 셔터 반응이 먹통이다. 나름 주기적으로 관리하고 있었는데 이번엔 너무 오래 모셔 놓은 모양이다. 내가 가지고 나간 카메라는 필카(필름카메라)인 데다 단종된 기기여서 이번에도 A/S 비용이 많이 들게 생겼다.

대학 시절 필카 매력에 빠졌다. 디자인을 전공한 사람이라면 한 번쯤은 카메라의 매력에 빠지기도 한다. 나는 필카의 색감과 몽환적인 느낌을 무척 좋아한다. 그래서 현상액으로 손이 다 벗겨지도록 인화 연습을 했었다. 부모의 경제적 도움 없이 학업을 이어가던 나에겐 전문가용 필카는 넘사벽[2] 소품이었다. 이 모습을 안타깝게 여기던 남동생이 사 준 카메라다. 아르바이트로 애써 모은 남동생의 피 같은 용돈이었다. 그래서 카메라 덕후에게는 아무것도 아닐 오래된 이 기기는 나의 귀하디귀한 애장품이다.

역시 예상대로 A/S는 비쌌다. 하지만 더 속상한 것은 나에게 필요한 부품이 구하기 어렵다는 소식이었다. 그래도 희망은 있어 다행이다. 구하기 어려운 것이지 고칠 수 없다는 말은 아니니 말이다. 어렵게 공수해 둔 필름들을 보면서 다행이라는 생각을 했다.

10년이면 강산도 변한다. 그런데 하루가 멀다 하고 급변하는 요즘 기기들에 비하면 이 카메라는 나와 무척이나 오랫동안 함께한 듯하다. 그리고 보니 아침에 눈 뜰 때부터 잠자리에 들기 직전까지 인간과 가장 많은 시간을 보내는 것이 전자기기들이 아닌가 싶다. 이 전자기기들이 우리 삶에 깊숙이 녹아든 지 오래지만 그 생명력은 천차만별이다. 아무리 최첨단 기술로 무장했다 하더라도 대중화가 되지 못하면 이 시장에서 짧은 생을 마감한다. 나의 애장품 필카처럼 누군가의 수집품으로라도 남아 있으면 그나마 다행이지 싶다. 필카는 왜 대중화가 되지 못했을까?

내가 아는 친구는 수년째 취업 준비 중이다. 어쩌다 함께 술한잔 할 때면 인재를 몰라본다며 세상을 원망한다. 틀린 말은 아

2　넘을 수 없는 사차원의 벽이라는 뜻으로, 아무리 노력해도 넘을 수 없는 벽이라는 의미의 단어.

니다. 그녀는 오랜 시간 유학도 다녀왔고, 대학원까지 우수한 성적으로 졸업한 아주 능력 있는 인재였다. 그녀는 매번 자신이 희망하는 회사에 지원하지만 인연이 이어지지 않고 있다. 입이 닳도록 위로해 주었다.

그러나 언제부턴가 내 입에서 위로가 나오지 않는다. 그럴 만한 나이가 되어 버린 것일까. 진심으로 그녀를 생각해 주게 된 것일까. 둘 다 맞는 것 같다. 이제는 좀 지쳐 보이는 그녀에게 회사가 선택할 수 있는 사람으로 변해야 한다고 말해 주었다. 냉정하게 욕심을 버리라고 일러주었다. 그랬다. 친구는 스스로도 자신을 높은 스펙의 인물로 인정하고 있었다. 좋은 회사, 높은 연봉을 희망하는 건 당연하다. 하지만 대학을 졸업하고도 오랜 시간 공부만 해 온 그녀에게 쉽게 기회가 올 리가 없었다. 지금은 고스펙의 젊은 신입들도 넘쳐나고 있으니 말이다. 사실 그녀는 일을 해 본 적도 없다. 지금도 여전히 공부를 이어가고 있다.

수많은 이용자들이 조작이 편리한 디카를 선호하는 바람에 필카는 대중화가 되지 못했다. 부족하지만 필카를 사랑해 주는 부족한 나 같은 회사일지라도 만나라고 일러주었다. 제품만이 아니라 취업을 앞둔 개인도 좋은 상품이 되어야 선택되어지는 것이다. 맞춰야 한다. 내가 원하는 누군가가 나를 선택할 수 있게 말이다.

열심히 일한 그가 선택받지 못한 이유

직장 안을 들여다보아도 별반 다르지 않다. 능력이 뛰어나면 안정적일 것 같지만 꼭 그렇지만은 않았다. 상당한 동료와 상사가 회사에서 정리되거나 밀려나는 것을 보았다. 하나같이 능력 있는 사람들이었다. 안정적으로 보이는 사람은 능력이나 실적에 관계없는 경우가 많았다. 그들은 회사 편에 가까운 사람이었다. 조직은 아무리 능력이 뛰어나더라도 결정권자들의 신임을 얻지 못하면, 그 어떤 기회의 문도 열리지 않는다. 도리어 시간과 돈을 투자해 가르쳐야 할 만큼 실력이 부족한 사람이 승진되기도 했다. 이도저도 아닌 사람조차도 주변 동료의 소리와 평가에는 아랑곳하지 않고 자기 자리를 지키기에만 노력하는 사람이었다. 내가 아는 한 상사는 이를 위해 수단과 방법을 가리지 않았다. 오늘도 능력이 뛰어나고 회사에 큰 이익을 남겨준 수많은 직장인들이 밀려나고 있다. 고용주의 눈으로, 자신을 볼 줄 알아야 하는 것이다.

반대로 회사의 오너들이 인정하는 직원들은 어떨까? 아이러니하게도 이들은 결정적인 순간에 회사를 떠난다. 많은 회사들이 월급을 더 주면 직원의 충성을 살 수 있을 거라 생각한다. 이건 사장님 혼자만의 착각이다. 직장인에게는 월급보다 비전이 더 중요하다. 사장은 직원들이 사장처럼 일하기를 원한다. 이를 위해 회사의 비전과 미션을 준비하여 공유하는 일에 무던히 노력한다. 미안하지만 아무리 목 아프게 강조한다 한들 직원은 직원일 뿐

사장이 될 수가 없다. 해마다 그리고 정기적으로 그들에게 사장과 같은 마인드로 일하라고 회사의 비전을 제시하여 주어도 소용없음을 경험하고 있지 않은가. 모든 조직의 구성원들도 자신의 업무에 최선을 다하며 자부심을 갖고 일하고 싶어 한다. 그래서 해당 업무가 회사의 비전과 어떤 상관관계가 있는지 수시로 이해하고 싶어 한다. 회사는 비전을 만들고 공유하는 데만 급급할 게 아니라 그들이 무엇을 어떻게 생각하며 살아갈지를 파악하여 그들의 눈으로 회사를 볼 수 있어야 한다. 부하직원을 직접 데리고 일하는 리더는 말할 것도 없는 것이다.

승승장구하던 그 기업이 선택받지 못한 이유

기업이라고 다를 게 있으랴. 한 시대를 풍미했지만 지금은 사라진 기업들도 많다. 한 시장을 지배했지만 경쟁사에게 자리를 내주거나 몇 년 또는 심지어 몇 달 만에 유행에 굴복당한 기업들은 더 많다.

2012년, 한때 필름 시장을 지배했던 코닥이 파산신청을 했다. 소식을 듣고 더 이상 코닥이 필름을 생산되지 않을까 봐 노심초사했었다. 얼마 전 출사를 위해 준비한 필름은 코닥 제품이었다. 지극히 개인 취향이지만 입문 때부터 지금까지 코닥 필름을 선호하는 편이다. 푸른색이 강조되어 청량해 보이는 후지 필름보다 누런빛으로 밝은 느낌을 더해 주는 따뜻함이 더 좋기 때문이다.

그래서 아직까지 코닥 필름을 살 수 있다는 것이 얼마나 감사한지 모른다.

코닥은 140여 년의 깊은 역사를 자랑하는 기업이다. 일찌감치 세계 최초로 디지털카메라 기술을 개발하기도 했다. 하지만 전 세계 필름시장의 80% 이상이라는 매력적인 점유율을 잠식당할까 봐 기술개발을 외면하다 후지와 소니에 추월당해 결국 파산하고 말았다. 코닥은 다가온 디카(디지털카메라)와 사진혁명에 제대로 대응하지 않아 치명적인 쇠락을 맛본 것이다. 이미 1970년대에 필름에서 쌓은 기술력과 자금력으로 디카 시장도 장악할 수 있었다. 그러나 코닥은 그렇게 하지 않았다. 난공불락처럼 보였지만 지나친 자신감으로 트렌드 변화를 간과하다 놀랄 만한 속도로 무너져 버린 것이다. 기업은 고객이 원하는 것을 빠르게 이해하고 대처해야 살아남을 수 있는 것이다.

회사가 커질수록 경영진은 고객의 목소리를 직접 듣기 어렵다. 그래서 임원들은 서비스의 최전선에서 고객의 이야기를 들으려고 노력해야 한다. 그래야 정확한 시장을 읽을 수 있다. 아주 단순한 말 같지만 이는 참 어렵고도 중요한 일이다. 이 같은 경영을 잘 하기로 소문난 월마트(Walmart)는 수많은 기업의 좋은 본보기이다. 매주 월요일 월마트의 임원들은 돌아가면서 전세기를 탄다. 전 세계에 있는 점포를 방문하여 고객들과 이야기하기 위해서이다. 현장 직원들의 의견도 듣는다. 물론 이 모든 일들은 철저히 비밀리에 진행된다. 그리고 나서 본사로 돌아와 출장에서 보고 들은 것을 함께 구체적으로 논의하고 공유한다. 한 주의 마지막 날에는 전 임직원들과 관리자들이 위성으로 문제점과 해결책을 논의한다. 그리고 주말을 보낸 월요일에는 어김없이 다음 차례의 임원들이 전세기를 탄다. 이런 방식으로 월마트 임원들은 전체 시간의 70%를 현장에서 보낸다. 당신 회사가 너무 크고, 당신이 너무 바빠서 불가능하다고? 매출 4,000억 달러(약 430조 원)가 넘는 월마트도 하고 있다.

기업은 길게 가야 10년이고, 20년까지 살아남아 있는 기업은 고작 4%라는 통계가 있다. 살아남는다는 것이 얼마나 어려운 일인지 단적으로 말해 주는 통계다. 설령 오래 남은 기업일지라도 어느 한순간에 도태될지 모른다. 지금 살아남은 기업들은 순탄한 길만 걸어온 것은 아닐 게 분명하다. 늘어나는 경쟁사 수와 규모 등에도 불구하고 살아남으려고 피나는 노력을 하고 있는 중이다. 지금 시장에서 사라질 것인가, 살아남을 것인가. 변화에 맞춰야 한다. **트렌드를 주도하는 고객이 지금 무엇을 원하는지 눈여겨보아야 한다.** 고객들이 지금 시장에 어떤 반응을 보이는지 잘 이해하고 내일을 대처해야 한다. 그리고 빠르게 대응해야만 한다.

고객과 제대로 통(通)할 방법을 강구하라

'진심은 통한다'는 착각

석공의 꿈

『탈무드』에 '세 명의 석공' 이야기가 나온다. 예배당을 짓기 위해 세 명의 석공이 뜨거운 태양 아래서 열심히 돌을 쪼고 있었다. 지나가던 한 노인이 세 석공에게 "지금 무엇을 하고 있소?" 하고 물었다. 얼굴이 일그러진 첫 번째 석공은 "보면 모릅니까. 돌을 깨고 있지 않습니까. 죽지 못해 이 일을 하고 있습니다"라고 대답하였다. 두 번째 석공은 "가족들을 먹여 살리기 위해 일을 하고 있지요. 굶지 않으려면 어쩔 수 없지요"라며 무표정으로 대답을 하였다. 세 번째 석공은 얼굴에 생기가 있었다. 그리고 다음과 같이 대답하였다. "성당을 짓기 위해 돌을 다듬고 있습니다. 제가 다듬는 돌이 성당 건물의 일부지만 완성되면 정말 아름다운 건물이 될 겁니다. 정말 보람된 일이지요."

마지못해 돌을 깨고 있는 사람과 미래에 완성될 아름다운 성당을 생각하며 돌을 다듬고 있는 사람 모두 같은 일을 하지만 누가 행복을 느끼며 살아갈지 분명해 보인다. 같은 질문에 각기 다른 대답을 들었지만, 노인이 느꼈을 감정과 감동은 독자의 그것과 다르지 않았을 것이다.

노력은 양보다 방향

학창시절 나는 부진아였다. 초등학교 시절은 더더욱 그랬다. 부모님은 사업으로 바빴고, 내성적이던 나는 학교생활은 물론 소소한 이야기조차 가족과 나누는 편이 아니었다. 부모님은 이런 저런 학원과 과외를 시켜 주었지만 나의 무지는 채워지지 않았다. 사실 공부하는 방법을 몰랐다고 해야 더 정확한 표현인 것 같다.

어느 날 학업 성적이 상위권인 친구와 짝꿍이 되었다. 인생을 돌이켜보면 그 친구 덕에 좋은 습관을 많이 배웠다. 독서를 즐기던 친구였다. 함께 친하게 지내는 동안 덩달아 도서실에 들락거리면서 책을 빌려보는 습관을 갖게 되었다. 모르는 문제가 나오면 목차를 보는 것도 배웠다. 무엇보다 친구에게 섬세하고 체계적인 필기 습관을 배웠다. 잘 필기해 둔 노트는 내 시험 성적이 올라가는 데 가장 큰 역할을 해 주었다. 내가 그 친구에게 배웠던 수많은 공부 습관들은 그동안 단 한 번도 생각해 보지 못했던 것들이었다. 한마디로 헛공부를 해 왔던 것이다.

흔히 열심히 하면 성공한다지만 사실 열심히만 한다고 해서 모두가 성공하지는 않는다. 이미 현실에서 우리 모두는 충분히 열심히 하고 있다. 같은 시간, 같은 일을 하는데 일 잘하는 사람은 따로 있다. 성과를 내는 사람은 꼭 있더라는 것이다. 일 잘하는 사람은 뭐가 그렇게 달랐을까? **노력의 양이 아니라 노력의 방향 조절을 잘 해야 한다.** 어린 시절 내 짝꿍처럼 말이다.

그 일을 망친 건, 당신의 노력일 수 있다

나는 일을 과하게 열심히 하는 사람이 무섭다. 초년생이나 신입일수록 더더욱 그렇다. 의욕이 지나치게 앞서 일을 그르치는 경우를 많이 보았기 때문이다. 내가 만났던 이 부류의 M사원은 내가 있는 교육부서로 발령을 받았다. 평소 오고 싶었던 부서였다고 했다. 그 기쁨이 너무 컸던 것일까. 일을 욕심내다 결국엔 감당하지 못하고 자포자기하고 말았다. 열심히 벌려 놓으면 모두가 칭찬하며 도와주겠지 생각했던 모양이다. 철저한 성과중심인 조직은 모두가 계획적으로 일을 하는 곳임을 몰랐던 것이다. 다른 G사원은 자신감이 넘쳤다. 자신감이 과하면 교만하게 보일 때가 있다. G사원은 만나는 부서원마다 싸우며 갈등을 겪기 일쑤였다. 지나친 자신감에서 나오는 결과였다. 직장생활이라는 게 일보다 인간관계가 더 힘들다는 것을 우리는 너무도 잘 알고 있다. G사원도 배워 가는 과정일 수 있었겠지만 G사원과 함께 팀으로 있는 나조차 후속 문제를 해결하느라 힘들었다.

이 같은 문제는 아랫사람에게서만 나타나는 게 아니었다. J상사는 정말 일을 열심히 하는 듯했다. 혼자서 말이다. 함께 하는 부서원이 있는데도 혼자서 열심히 일을 처리해 나갔다. 도통 공유가 없고 단독으로 하는 일을 즐겼다. 우연하게도 정말 혼자 일할 수 있도록 조직개편이 일어나고 말았다. 여러 복합적인 이유들도 있었겠지만 결국 J상사는 회사를 떠나게 되었다. 아무도 그녀의 편을 들어주지 않았다. 철저하게 정말 혼자였다. 다른 P상사 역시 열심히 일했다. 무리하게 말이다. 사실 상사라는 이유로 아랫사람들에게 무리하게 일을 시켰다고 봐야 더 맞겠다. 이 부류들의 특징을 가만히 생각해 보니 능력이 부족한 사람에게 나타나는 전형적인 문제들이었다. 사실 P상사는 한 부서의 수장으로서의 전문성이 있었던 사람은 아니었다. 본부장의 부재로 우연히 함께하게 된 상사였다. 무리를 해서라도 능력이 있음을 보여주고픈 심리가 작동한 것이다. 결국 함께하는 상당수의 직원이 P상사를 기피하는 현상이 일어나고 말았다.

글을 쓰려니 이 같은 경험들을 솔직하고 조심스럽게 담아냈다. 하지만 나는 이들보다 더 부족한 사람임을 밝히고 싶다. 이유야 어찌되었든 사례 속 모든 직원들은 나름 잘하려고 노력했지만 좋은 결과를 내지 못했다. 열심히 한다고 꼭 성공하거나 좋은 결과가 나오지는 않음이 증명된 것이다. 노력의 방향을 어떻게 조절해야 잘하는 것일까. 이에 대한 정답은 감동에 있다. 아무리 열심히 한다 한들 상대에게 감동을 주지 못하면 아무것도 아닌 것이다.

월마트 창시자 샘 월튼, 애플의 창시자 스티브 잡스. 이들은 비즈니스 세상에서 성공의 끝을 보여 주며 전 세계 사람들의 부러움을 한몸에 받았다. 그럴지라도 죽음을 비켜가진 못했다. 놀랍게도 이들이 남긴 마지막 유언은 같았다. 바로 "가족, 배우자, 친구들을 사랑하라. 자신을 사랑하라. 그리고 타인에게 잘 대해 주어라"였다. 한결같이 이들은 가정과 주변을 돌아보지 못한 것에 대한 뼈아픈 후회를 했다. 진정한 행복을 추구하려고 한다면 열심히만 일하는 사람이 되지 말고 주변을 돌아봐야 한다.

'많이'가 아닌 '고객이 원하는 것'

얼마 전 일을 마치고 그 근처에서 점심식사를 하게 되었다. 낯선 곳이라 어디가 맛있고 괜찮은 집인지 알 수가 없었다. 가까이에 한 식당이 보여 들어갔다. 뷔페식 백반 집이었다. 식사를 맛있게 하는데 주인은 뉴페이스로 보이는 우리 일행에게 불편한 점은 없는지, 음식은 입에 잘 맞는지를 확인한다. 일반적인 립서비스 같아도 친절함을 느끼기엔 충분했다. 중간에 내 입에 맞있던 잡채를 좀 더 가져다 먹었다. 그러더니 주인은 잡채를 리필해 놓으면서 "이 음식을 좋아하시나 봐요. 더 충분히 드세요"라며 웃음을 짓는다. 물론 나는 한 번의 리필만으로 충분했기에 주인이 가져다 놓은 잡채를 더 먹지는 않았다. 하지만 왠지 모르게 더 많은 서비스를 제공받는 것 같아 기분이 좋았다.

고객의 감동은 열심히 일을 하는 과정에서 상대에게 맞춰진 자연스러운 서비스에서 온다. 즉, 고객이 '왠지 모르게 기분이 좋다!'라는 기분이면 충분한 것이다. 가격도 저렴한 이곳에서 카드로 결제한다는 것이 미안하기까지 했다. 우리는 있지도 않은 현찰을 한데 모아 계산하였다. 그리고 내일도 이곳에서 점심을 먹기로 하였다.

모두가 열심히 사는 세상이다. 삶에서의 행복도, 학업에서의 성적도, 일에서 성과를 내려면 노력은 필수다. 하지만 어떻게 노력하고 있는지, 그 노력이 성공에 부합한지는 더 중요하다. 서비스맨들의 열심은 궁극적으로 고객에게 감동을 주는 것이다. 열심히는 하는데 고객이 감동을 느끼지 못한다면 이미 노력의 방향은 틀린 것이다. 나의 노력이 효율적인 결과를 낳기를 바란다면 남들과 다른 시각, 남들보다 뛰어난 집중력으로 자신만의 서비스를 제공할 수 있어야 한다. 어떤 방법으로든 고객을 감동시키는 일은 중요하다.

역지사지의 마음으로 응대하라

이해할 수 없다는 편견

'내가 하면 로맨스, 남이 하면 불륜.'

'말은 참 쉽게 하지.'

'개구리 올챙이 적 생각 못 한다.'

우리가 일상에서 적지 않게 듣고 사용하는 자기 입장만 생각한다는 의미의 재미난 표현들이다. '상대방 처지에서 생각하라'는 뜻의 역지사지(易地思之)라는 말이 있다. 이는 맹자가 남을 먼저 생각하는 하우와 후직, 안회의 생활 방식을 칭찬하면서 유래되었다. 갑자기 몇 해 전 매스컴을 통해 접한 이철환 작가의 '어미 판다' 이야기가 생각난다.

눈이 펑펑 내리는 겨울날 어미 판다가 나무 위에 올라가 있다. 이 상하게 눈만 내리면 나무 위로 올라가는 어미 판다. 왜 그럴까? 이 모습이 미련해 보였던 나비가 토끼에게 말했다.

"판다를 도무지 이해할 수 없어! 밥까지 굶어가면서 왜 나무 위에 올라가 있어?"

"나비야, 그렇게 말하지 마. 넌 네가 이해할 수 있는 것만 이해할 뿐이야. 판다의 마음속 상처를 모르면서 이해할 수 있다 없다 말하면 안 돼."

그곳은 판다가 사는 동굴 앞이었다. 동굴에는 배고파 울고 있는 새끼 판다들이 있었다. 먹이를 찾으러 나섰다가 눈이 내린 것이다. 어미 판다는 동굴 주변을 서성이다 나무 위로 올라갔다. 자신이 나무에서 내려와 동굴로 가면 사냥꾼들이 판다 발자국을 보고 따라와 새끼들을 해칠 거라는 것을 알고 있었던 것이다. 하지만 일주일째 굶고 있는 새끼 판다 울음소리에 할 수 없이 나무에서 내려왔다. 어미 판다의 예상대로 발자국을 본 사냥꾼들이 새끼들을 다 잡아가 버렸다. 그 후로 눈만 내리면 판다는 나무 위로 올라간다. 자신의 발자국 때문에 새끼를 잃은 판다는 자신의 발자국이 공포가 되어 버린 것이다.

"너를 도무지 이해할 수 없어!"

이야기 속 나비처럼 우리는 우리가 보는 것만 가지고 상대방을 이해하려 한다. 역지사지란 눈으로 보는 것이 아니다. 생텍쥐페리는 『어린왕자』에서 '중요한 것은 눈에 보이지 않는다'는 유명한 말을 남겼다. 중요한 것은 마음으로 보아야 하는 것이다. 역지사지 마인드로 모든 관계를 이어간다면 우리가 겪는 대부분의 갈등은 사라질 것이다.

이해받지 못하는 이의 소외감

철부지로만 보였던 동생이 일찍 결혼을 하더니 어른스러워졌다. 그것만으로 나에게 올케는 고마운 사람이다. 올케 얼굴을 1년에 한 번도 보지 못할 때가 많다. 내가 가족과 멀리 떨어져 있는 데다 명절을 피해 집에 내려가는 날이 많기 때문이다. 이렇게 말하니 문제가 있어 보인다. 하지만 내 나이의 미혼 여성들이라면 어느 한편 이해할 수 있지 않을까 싶다. 내가 아직 가져보지 못한 시댁이다. 하지만 아무리 잘해줘도 시댁은 시댁이라는 것쯤은 나도 이해할 수 있다.

내 친구는 결혼을 한 지 5년이 넘었는데도 시댁 가는 것을 참 불편해한다. 이야기를 들어보면 고된 시집살이가 있는 것도 아니다. 그렇다고 얄미운 시누이가 있는 것도 아니다. 단지 시댁에만 가면 이방인 같은 기분이 든다는 거다. 가만 생각해 보면 그 기분을 알 것만 같다. 남편들에게 있어서 시댁은 고향과 같은 곳이다. 그만큼 편하니 평소에는 쓰지도 않는 구수한 사투리를 쓰는 것이다. 하지만 부인에게는 낯선 남편의 모습이다. 부인에게는 짜고 매운 음식이 남편에게는 그야말로 그리웠던 맛이리라. 시댁에서 부인의 요리 솜씨를 비교한다는 것은 앞으로 요리를 해 주고 싶은 의욕을 상실케 만드는 행동이다. 시댁이 불편한 것은 이렇게 서로 다른 문화 때문일 것이다. 나만 빼고 모두가 같아 보이는 이질감 말이다. 그래서 외롭고 허전할 세상의 며느리들을 잘 대해 주어야 한다.

보고도 이해가 먼저다

직장 내에서도 역시사지의 마인드는 업무를 매우 효율적으로 할 수 있도록 돕는다. 업무차 영업부에 방문 갔다가 본부장께 영업사원이 크게 혼나는 모습을 보게 되었다. 다급히 사무실에 들어온 영업사원이 본부장에게 보고를 한다.

> "본부장님! W거래처에서 납품받은 제품이… (중략) 저한테 욕하고 난리예요!"
> "그래서!" (불쾌함)
> "환불해 달래요."
> "도대체 거래처 관리를 어떻게 하는 거야!" (더 화남)

자신이 본부장이라면 어떻게 보고해 주기를 바라는지, 어떻게 보고를 하면 본부장이 좀 더 받아들이기가 좋을지를 생각해 봤다면 절대 위와 같이 보고하지 않았을 것이다. 직장생활을 통해 우리는 지시와 보고를 할 때 결론을 먼저 이야기하면 좋다는 요령쯤은 잘 알고 있다. 신입직원교육에서도 빼놓을 수 없는 내용이기도 하다. 교육이란 우리가 전혀 모르는 것만을 학습하지 않는다. 아는 것도 몸에 배지 않으면 위와 같은 실수를 저지르게 된다. 문제를 먼저 보고하고 이해할 수 있도록 부수적인 설명을 덧붙였다면 영업사원은 덜 혼났을 것이다. 이렇게 말이다.

> "본부장님! W거래처에서 환불 건이 접수되었습니다!" (불쾌함)
> "왜?" (궁금함)
> "사유는 ○○○입니다." (이해됨)
> "그래? 너는 관리를 어떻게 했기에…" (잔소리로 끝남)

이 같은 상황은 꼭 상사에게 하는 보고에만 적용되는 것은 아니다. 동료나 친구, 부부 간에도 결론을 말하고 과정을 설명해 준다면 훨씬 충격을 줄일 수 있고 원만한 대화로 이끌어 낼 수 있다.

이해는 중요한 비즈니스 전략이다

기업의 서비스맨의 경우는 어떨까? 기업에게 중요한 것은 고객이다. 이들과 감정소통을 나누는 서비스맨은 자신의 기준을 버려야 한다. 고객의 입장이 되어 보면 어떻게 응대해야 할지 빠르게 답을 얻을 수 있다.

내가 아는 A는 안경점을 운영하는 사장이다. 한 고객이 안경을 사러 왔다. 안경테가 헐거워져 불편하다는 것이다. 고객이 원하는 안경을 잘 안내하여 판매하면 되는 문제였다. 하지만 그는 헐거워진 부분을 조이기만 하면 사용하는 데 문제가 없다는 것을 알았다. 그래서 서비스로 조여 주고는 돌려보낸 것이다. 장사는 이익을 남겨야 하는데 누군가는 A가 어리석어 보일지 모른다. 고객이 안경을 사러 왔다가 그냥 돌아가면서 마음이 어땠을까? 감동도 받았고 고맙기도 했을 것이다. 고객의 감동은 그냥 흘러가지 않는다. 그 고객은 여러 명의 다른 고객을 데리고 왔다. 그리고 안경보다 비싼 고가의 선글라스도 이 안경점에 와서 구입했다. A는 고객이 하나 사러 왔다가 다시 와 10개를 사 주는 이러한 경험을 많이 했다. 그래서 철저하게 고객 입장에서 장사를 한다고 했다. 사실 그는 개업한 지 1년 조금 넘었다. 그런데 주변 안경점 두 곳이 그가 개업한 지 얼마 되지 않아 문을 닫았다.

상대방의 마음을 헤아리는 태도는 오히려 자신의 비즈니스에 중요한 전략으로 사용되기도 한다. 역지사지는 자기 자신을 위한 비책이 될 수도 있는 것이다. 서비스맨이라면 "고객이 지금 원하는 것이 무엇일까? 지금 이 사람은 어떤 것들이 고민일까?"를 항상 생각해 보아야 한다. **역지사지는 착하게 살라는 말이 아니다.**

전략적으로 고객을 대하라는 뜻임을 말해 주고 싶다.

이 같은 마음은 가족, 친구, 연인 등 모든 관계에 있어서도 꼭 필요한 자세이다. 세상도 역지사지의 마음을 가진 이들뿐이라면 다툼과 분쟁 그리고 범죄는 대부분 해소될 것이다.

경험을 나누며 하나가 되어라

완벽주의가 만드는 벽

"연아도 과연 인간이군요."

2009년 피겨 그랑프리 5차 대회 프리스케이팅에서 김연아 선수가 실수를 하는 것을 보고 해외언론이 표현한 말이다. 나는 스포츠에 관심이 없다. 그래서 스포츠와 관련해서는 문외한이다. 하지만 우리나라 스포츠계의 한 획을 그어놓은 김연아 선수 때문에 피겨스케이팅에 조금이나마 관심을 갖게 되었다. 당시 함께 한 전 세계 선수들이 김연아의 실수가 인간미를 느끼게 한다는 표현을 하기도 했다.

우리는 주변에서 적잖게 완벽주의의 사람을 만나곤 한다. 유독 한국인이 무엇을 하든 완벽을 지향하는 사람이 많다고 한다. 우리 민족에게 깊게 내재되어 있는 성실함 때문이 아닌가 생각해 본다. 완벽주의가 꼭 나쁜 건 아니다. 하지만 장점보다는 단점이 더 눈에 띄는 것은 사실이다. 이들은 항상 완벽해야 한다는 욕심 때문에 자신은 물론 다른 사람에게도 엄격하다. 그 때문에 주위의 사람들은 이들에게 거리감이나 불편함을 느끼고 다가가기를 꺼려 한다. 나쁜 인간관계로 이어지는 이것이야말로 가장 큰 단점이 아닐까 싶다.

우리는 치열하게 남들과 비교하며 살아간다. 어쩔 수 없는 부분도 상당하다. 그래서 상대의 부족함은 나의 매력이 된다. 인간은 심리적으로 상대의 부족함에 안심하고 무의식으로 가지고 있던 방어 자세가 풀린다. 사람들의 수다는 흔히 타인의 안 좋은 이야기들이다. 대단해 보였지만 '너도 나와 별반 다르지 않구나' 혹은 '나는 그러지 않아 다행이구나' 하며 위로를 받는다. 대표적인 예가 연예인들의 사생활 문제의 이슈들이다. 세상에서 가장 쓸데없는 걱정이 연예인 걱정이라지만 그들의 실패에서 우리는 인간미를 느낀다. 사촌이 땅을 사면 배가 아픈 것도 모두 여기에 기인한다.

다소 부족한 사람에게 진심을 다해 걱정하는 이들이 남는다. 인간이 가진 측은지심 때문이다. 상대가 부족해 보여야 쉽게 마음이 열리는 것이다. 주변에서도 자기 자랑을 계속 늘어놓는 사람이 매우 불편했다. 성공 이야기도 어느 정도 동기부여에 좋을 법했지만 계속 듣자니 겸손의 미덕이 더 끌렸다. 애써 자신의 성공을 감출 필요는 없다. 하지만 상대에 따라 솔직하고 적절하게 잘 표현하는 방법을 아는 것은 매우 중요하다.

고난의 경험은 공감의 토대

대학을 졸업하고도 학업을 이어가고 싶은 마음이 컸다. 하지만 이미 갚아야 할 학자금 대출이 쌓여 있어 취업을 선택했다. 사회에 던져진 나는 이미 성인이었지만 스스로 갚아야 할 대출이 있다는 게 무섭게 느껴졌다. IMF 외환위기로 인한 부모님의 경제활동 타격을 보고 겪어 온 어린 시절 때문에 더 무서웠는지도 모르겠다. 높은 학점이 아니라 등록금을 최대한 줄일 수 있는 장학금이 목적이었다. 물감도 사고 용돈도 충당하려면 아르바이트까지 열심히 해야 했다. 힘겹게 공부를 마친 터라 계속 고단함이 이어질 학업이 자신 없었는지도 모른다. 그렇게 나의 사회생활은 시작되었고 배움의 갈증까지 채우려 동분서주한 통에 내 젊음은 쉴 없이 바쁜 기억뿐이다.

어쨌거나 나의 이런 경험은 경제적인 어려움으로 공부를 못했던 사람에게 측은지심을 갖게 만들었다. 다행히도 우리나라는 교육의 문이 열린 편이다. 이를 잘 알고 나 역시 걸어왔기에 이들에게 용기를 북돋아 주고 방법을 안내해 주는 것에는 자신 있다. 우연히 시작된 나와의 상담을 통해 상당수가 그동안 못했던 공부를 시작했다. 어떤 이는 내 이야기와 위로에 눈물을 흘리기도 했다. 첫 학기 등록금을 내준 경험도 서너 차례 있다. 일단 시작하게 해 놓으면 어떻게든 마치기 마련이라는 것을 나는 잘 알고 있기 때문이다. 나에게 용기를 받았던 사람들은 나를 무척 아끼고 사랑해 준다. 나의 또 다른 부족함을 그들을 통해 배우기도 한다. 나를 위해 기꺼이 안내해 주기도 한다. 이런 나의 경험은 상대와 하나로 묶어 주는 중요한 역할을 해 주었다. 그것도 아주 단단하게 말이다.

고객과 경험으로 하나가 되어라

기업과 고객 역시 이러한 경험을 가지고 단단하게 묶을 수 있다. 고객의 소비에 경험을 입혀 주는 것이다. 즉, 단순 물건만 소비하는 것이 아니라 경험의 소비를 높여주는 것이다. 우리는 이미 일상에서 이 같은 경험을 하고 있다. 가령, 값비싼 구두나 옷을 구매했을 때보다 여행이나 문화생활 혹은 새로운 무엇인가를 배웠을 때의 만족감이 상대적으로 오래 지속된다. 사실 명품을 소비한 정보는 상대에게 부러움과 동시에 이질감을 느끼게 한다. 반면 경험의 소비는 주변에서도 멋지다는 이야기를 듣게 해 준다. 그래서 우리가 SNS에서 쉽게 볼 수 있는 사진들은 자신의 경험과 관련된 것들이 주를 이룬다. 요즘 인스타그램이 각광을 받고 있다. 여행스타그램, 먹스타그램 등등의 단어가 독자도 벌써 익숙하지 않은가? 사람들이 공유하는 것은 '경험'이지 소비의 증거'가 아닌 것이다.

더 흥미로운 것은 2003년에 리프 반 보벤과 토마스 길로비치 연구진이 밝힌 경험소비의 효과이다. 단순 물건을 소비했을 때보다 경험이 동반된 제품을 구매했을 때 만족감이나 행복감을 더 느낀다는 결과이다. 그뿐만 아니라 남들조차도 더 긍정적 평가를 내렸다.

이 같은 경험 마케팅은 화장품 업계가 잘 활용하고 있다. 요즘 드럭스토어에 가면 모든 제품을 체험해 볼 수 있도록 비치해 두었다. 이것저것 편하게 테스트해 보면서 생각보다 괜찮다고 느껴지는 제품까지 덤으로 사오게 된다. 이러한 문화는 내가 구매하지 않아도 크게 눈치가 보이지 않아 언제라도 편하게 들어가 체험해 보게 만든다. 간혹 시간을 때우기 위해 방문하기도 한다. 이로 인해 기업의 마케팅은 자연스럽게 이어지고 정확한 타깃층 분석이 가능해져 더 세밀하게 제품 포지셔닝을 할 수 있게 되는 것이다.

먹방계에서도 마찬가지다. 어디서 시초가 되었을지 모르는 '못 먹어 본 사람은 있어도 한 번만 먹어 본 사람은 없다'는 말이 참 인상 깊다. 한 번 먹으면 계속 먹게 될 수밖에 없다는 경험 마케팅을 이보다 더 적절하게 표현할 수 있을까 싶다. 값비싼 레스토랑은 어떤가. 우리가 멋진 레스토랑에 가는 이유는 단순히 허기를 채우기 위한 것만이 아니지 않은가. 마케팅의 초점이 경험을 높여 주는 것으로 향해야 하는 이유가 여기에 있는 것이다.

　과거 어느 때보다 제품과 서비스가 넘쳐난다. 물질적 풍요 속에서 고객들은 제품의 기능, 편익에만 만족하지 않고 정신적인 만족도 함께 추구하려는 소비특성을 보이고 있다. 이러한 트렌드에 따라 고객경험은 차별화 전략의 새로운 요소로 주목을 받고 있다. **고객에게 감동을 주기 위해서는 정서적인 유대감을 갖게 하여야 하는 것이다.** 정서적인 유대감을 만들어 주는 연결고리를 우리는 경험에서 찾을 수 있다. 이제 기업이 생각해야 할 것은 시장에 내놓은 제품이 얼마나 고객과의 경험을 동반하고 있는가이다. 이것은 비단 기업에만 국한되지 않는다. 결국 경험이란 이야기를 수반하는 것이다. 개인은 어떤 스토리를 얼마나 가지고 있는지가 경쟁력에 큰 영향을 비칠 것이다. 경험을 동반한 비즈니스와 경험과 스토리가 많은 개인의 선호도는 사회가 발전될수록 더욱 가속화될 것이다. 경험과 관련된 비즈니스는 무엇인가, 당신은 어떤 스토리를 준비하고 있는가? 경험과 스토리, 이것은 미래 시장에서 선택받을 수 있는 키워드임엔 틀림없다.

꿀벌이 달려드는 여왕벌이 되어라

유일무이한 여왕벌의 가치

열심히 꿀을 채취하는 벌은 암벌일까? 수벌일까? 이 벌은 꿀 채취뿐 아니라 집 청소, 정찰, 경비 등 모든 일을 한다. 평생 일만 한다고 해서 일벌이라고도 부른다. 여왕벌은 이름에서도 이미 암벌임을 알 수 있다. 그래서 상당수의 사람들은 일벌이 수벌 아닌가 하고 생각한다. 결론부터 말하자면 일벌은 모두 암벌이다. 그런데 여왕벌은 단 한 마리만 될 수 있다. 수벌은 교미 외에는 태어나서 별다른 일을 하지 않는다. 오로지 여왕벌의 보디가드인 셈이다. 이렇게 꿀벌 세계에는 일벌, 수벌, 여왕벌 3종류의 벌이 있다. 모든 벌은 여왕벌 하나를 위해 일하고 있는 것이다.

여왕벌의 위세는 실로 대단하다. 조금의 움직임만 보여도 모든 벌들은 하던 일을 멈추고 길을 터준다. 여왕벌 몸에 이물질이 조금이라도 묻어 있으면 즉시 제거한다. 스테미너가 부족하지 않도록 로열젤리를 머금고 있다가 실시간으로 공급해 준다. 자신이 애써 준비한 로열젤리일지라도 이들은 절대 먹지 않는다.

벌들이 여왕벌을 이토록 귀하게 여기는 이유는 무엇일까? 동물세계가 그렇듯 종족 번식 때문이다. 여왕벌은 하루에 2~3천 개의 알을 낳는다. 그리고 다음 여왕벌이 될 수 있는 애벌레를 많게는 40~50개 적게는 15개 정도 양성한다. 이때 양성되는 애벌레도 여왕벌과 함께 태어날 때까지 로열젤리만 공급받으며 자라게 된다. 이렇게 종족 번식의 특별한 능력을 여왕벌은 가지고 있었던 것이다.

따라하지 말고, 유일해져라

오늘날 많은 기업들이 심각한 경쟁구도에 몸살을 앓고 있다. 인터넷의 발달로 고객들이 정보는 물론 각 기업들이 제공하는 서비스를 한눈에 비교하고 있기 때문이다. 그래서 기업은 더 많은 장밋빛 약속을 내놓도록 몰리고 있다. 왜 그래야 하는지도 모른 채 다른 회사가 하니까 나도 따라한다. 이를 두고 'Monkey see, monkey do'라는 말이 기업가에도 생겨나는 것이다.

기업은 경쟁사를 따라 하기에 앞서 이 서비스를 소비자가 진짜 원하는지 따져봐야 한다. 경쟁자를 무시하라는 말은 아니다. 늘 그들을 주시해야 한다. 하지만 너도 나도 하는 서비스가 아니라 고객이 찾아오는 서비스를 제공해야 한다. 때로는 감히 경쟁자들과는 다른 서비스를 제공할 수 있어야 한다. 여왕벌처럼 말이다.

요즘 같은 연말은 직장인들에게 노래방은 익숙한 장소일 것이다. 음악을 좋아하긴 하지만 여간해서 노래방을 가진 않는다. 어쩔 수 없이 동료들에게 이끌려 노래방을 가곤 했었다. 얼마 전에도 오랜만에 만난 옛 동료들과 헤어지기가 아쉬워 노래방을 택했다. 한 명이 자신이 잘 아는 L노래방으로 가야 한다며 우리를 택시를 태워 가면서 안내했다. 비도 오고 번거롭다는 생각을 하면서 따라나섰다. 그런데 기존 노래방에서는 볼 수 없었던 기발하고 독특한 서비스를 경험하게 되었다. 밤늦도록 술을 마시고 온 우리들에게 해장용 즉석 라면을 끓여 서비스로 제공해 준 것이다. 손맛이 느껴지는 직접 끓인 라면이었다. 반숙프라이와 함께 말이다. 반숙프라이가 숙취해소에는 특효라는 것을 우리는 잘 알고 있지 않은가. 주인은 과거에 식당을 운영했었다고 한다. 자신이 가장 잘하는 요리를 서비스로 제공했던 것이다. 멀리서 이곳까지 택시를 타고라도 올 만했다. 일정 부분의 비용이 수반되었을지라도 함께 즐거운 시간을 마무리하기엔 충분히 감동적이었다. 게다가 방문한 L노래방에는 비상용으로 우산을 비치해 두고 있었다. 변덕스러운 날씨에도 고객을 놓칠 일은 없어 보였다. 곳곳에서 느껴지는 고객에 대한 관심과 배려들은 이 노래방을 이용하지 않을 수가 없게 만들었다.

나만 특별히 제공할 수 있는 서비스가 아니더라도 고객의 편의를 최대한 고려해 본다면 얼마든지 경쟁사와 차별화된 서비스를 제공할 수 있다. 내 기억에 남아 있는 어느 노래방은 고급 술집에서나 제공해 주는 키핑 서비스를 제공했었다. 시간에 쫓기는 고객을 위한 전략이었다. 그래서 흔히 우리는 1시간 단위를 계산하면서 노래방을 들어서는데 이 노래방은 그럴 필요가 없었다.

가장 좋은 상품은 무엇일까? 요즘엔 나쁜 상품을 찾기가 더 힘들지 않은가. 시장은 이미 포화상태에 접어들었고 품질도 엇비슷해진 상황이다. 비슷한 성능과 품질이라면 필요한 콘텐츠와 서비스가 많은 상품이 좋은 상품이 되는 것이다. 고객이 스스로 찾아오도록 하는 길은 결국 남과 차별화한 서비스를 보다 빨리, 보다 많이 제공하는 것이다. '나만의 서비스'는 무엇이 있는지 생각해 보고 이를 실행할 수 있도록 노력해야 한다.

틀을 깨는 나만의 서비스

세계가 인정하는 고정관념을 깬 콘텐츠 마케팅 사례가 있다. 바로 레드불(Red Bull)이다. 평소 마케팅에 관심이 있던 사람이라면 한 번쯤은 레드불에 관한 사례를 들어봤을 것이다. 레드불의 콘텐츠는 자사 제품에 대해서 좀처럼 이야기하지 않는다. 주로 자극적이고 충격적인 뉴스들이다. 우주에서 지구로 발사된 낙하산 프로젝트 따위를 후원하고 이에 대해 아주 재미있는 기사를 쓰는 형식이다. 각종 익스트림 스포츠 이벤트와 선수들도 후원한다. 그리고 유튜브 채널을 통해 새로운 소식들을 중계한다. 레드불을 마시는 모든 사람들이 익스트림 스포츠를 직접 즐기진 않는다. 하지만 레드불은 상당수가 익스트림 스포츠를 관람한다는 시장을 겨냥한 것이다. 여기서 더 중요한 것은 레드불이 할 수 있는 모든 미디어를 동원해(동영상, 소셜 미디어, 블로그, 이미지, 잡지, TV 등) 고객의 관심사를 콘텐츠로 제공한다는 것이다. 모두 자사 제품에 대한 콘텐츠가 아니다. 제공된 콘텐츠를 보면 과연 고객을 진정으로 생각하는 노력이 보인다. 대담하면서도 천재적인 방법의 마케팅이 아닐 수 없다. 레드불은 고객뿐만 아니라 임직원의 열정적인 참여도 유도해 지속적으로 최고의 콘텐츠를 만들어 내고 있다. 콘텐츠 마케팅을 회사의 좌우명으로 삼았다고 해도 과언이 아니다.

우리 주변에는 이미 온갖 서비스가 생활 깊숙이 스며들어 있다. 고객의 취향 변화에 따라 새로운 형태의 고객 서비스가 필요한 시점인 것이다. 새로운 틈새시장을 창출할 것으로 기대되는 나만의 서비스를 찾아야 한다. 불경기에도 더 성공한 기업들은 많다. 하나같이 남들과 다른 서비스를 제공했던 이유다.

모두가 꿀벌이 달려드는 여왕벌이 되고 싶어 한다. 하지만 여왕벌이라고 고충이 없는 것은 아니다. 여왕의 관을 얻고 이를 지키기 위해 그 무게를 묵묵히 견디고 있는 것쯤은 기억해야 한다. 여왕벌은 태어나자마자 함께 양성되던 동료와의 치열한 싸움에서 이겨야 했다. 그리고 최종 선택을 받은 후에는 벌집에서 나가는 일은 거의 없다. 여름이나 겨울 한 시기를 제외하고 죽음이 가까울 때까지 매일 계속해서 알을 낳는다. 하루 2천 개까지 산란을 한다는 여왕벌의 능력을 언급했지만 이는 자기 체중의 2배에 달하는 무게이다. 매일 그리고 2~5년간 이 같은 수고를 하고 있는 것이다.

동물의 약육강식(弱肉强食)과 인간의 삶은 크게 다르지 않다. 하지만 인간에게는 동물에게 없는 정(情)이 있다. 감정 말이다. 결국 인생은 짧고 권력은 무상하다. 우리는 인간에게 절하는 것이 아니라 상대의 감투에 굽힐 때가 많다. 최고가 된다는 것은 중요하다. 하지만 높은 자리에 있을 때 겸손하고 덕을 베풀어 사람들에게 유익을 준다면 감투가 아니라 진심으로 존경을 받게 된다는 것을 잊지 말자.

'강한' 사람보다
'강해 보이는' 사람이 되어라

살아남는 자가 강한 자다

"회사에 간다는 건 내 상사를 만나러 가는 거죠."

"상사가 곧 회사죠. 상사가 좋으면 회사가 천국! 상사가 엿 같으면 회사가 지옥."

한동안 매스컴을 뜨겁게 달구었던 윤태호 만화 원작의 드라마 〈미생〉에 나오는 대사 구절이다. 한 번쯤은 욱하는 마음에 사직서를 작성해 보았을 것이다. 하루 종일 상사와 부대끼는 직장인들의 처지를 생각해 보면 '상사가 곧 회사'라는 말이 결코 과장이 아니다. 나 역시 상사 때문에 회사가 지옥 같아서 몇 번이고 사직서를 작성했던 기억이 있다. 이때마다 나의 멘토였던 H언니는 '강한 사람이 살아남는 게 아니라, 살아남는 사람이 강한 것이다'라며 마음을 다잡게 해 주었다. 그런데 정말 신기하게도 몇 차례 내가 '강한 사람'이 된 경험을 하게 되었다. 회사에서 임원이라고 하면 큰 권한을 가지고 있는 강한 사람이다. 정말 강했던 사람이 어떤 이유인지도 모르게 도태되는 모습을 보았다. 살아남는 사람이 강하다는 말을 이해하게 된 것이다.

주어진 권한만큼 책임도 따랐을 것이다. 그래서 나는 직책에 대한 욕심이 없다. 그것이 얼마나 외롭고 힘든 것인지 알기 때문이다. 하물며 임원 자리는 어떠하였겠는가. 그렇다면 언제까지 살아남아야 하는 걸까? 이제 깨닫는다. 살아남는다는 것은 한 직장에서만 의미가 있는 것이 아니라 내가 살아 있는 동안에 쭉 이어진다는 것을 말이다.

변화하는 자가 강한 자다

언니는 직장생활을 해 보기도 전에 결혼을 했다. 그래서 혹시라도 결혼생활이 힘들어 견디지 못하면 어쩌나 내심 걱정을 했다. 일찍 결혼한 탓에 나와는 두 살 차이인데도 큰아이가 벌써 내년이면 고등학교에 입학한다. 지금의 내 눈엔 세상에서 가장 행복하게 살아가는 가정이다. 결혼 전후의 언니 모습이 많이 다르다. 자주 보지는 못하지만 가끔 한 번씩 볼 때마다 달라진 언니의 모습에 순간순간 놀라기도 한다. 물론 지금은 익숙해졌다. 아가씨 때는 멋만 부리고 힘든 일을 별로 하지 않았다. 그런데 결혼해서 살림하고 아이들을 키우면서 험한 일도 하고 창피한 일도 서슴없이 하는 모습을 보게 된다. 가족을 위해 궂은일도 하면서 어느새 엄마로 변해 있었다. 엄마가 되었는데도 아가씨 때처럼 살아간다면 이 또한 문제가 될 것이다. 형부도, 부모님도, 세상의 결혼한 남녀 모두가 마찬가지려니 생각한다.

'강한 사람이 살아남는 게 아니라, 살아남는 사람이 강한 것이다'. 나는 이 격언에서 언뜻 '강한 자보다 얍삽하게라도 살아남는 것이 좋다'는 뉘앙스가 느껴질 때가 있다. 강한 것에 관심이 전혀 없는 사람이 이 격언을 내뱉을 때는 더욱 그렇다. 그래서 이 격언을 이렇게 바꿔 놓고 싶어진다. '강한 사람이 살아남는 게 아니라, 변화하는 자가 살아남는다'라고 말이다. 결국 어떻게 살아남을 것인가이다. 변화밖에 없다. 어떻게든 우리는 살아남아야 하고 살아남기 위해서는 변화해야만 한다.

언니는 아가씨에서 엄마로 변했다. 이것도 하나의 변화이다. 분위기를 위해서 때로는 술을 마시기도 해야 하는 것이 사회생활이다. 장사를 위해서 평소에는 짓지도 않던 미소와 친절로 무장해야 한다. 이 또한 변화이다. 자신의 한계점에서 머무르며 하던 대로의 생활이나 사고방식을 바꾸지 못하면 그만큼 도태인 것이다. 가끔 자기 자신을 바꾸지 않고 있는 그대로의 모습이 더 진실된 것이라 믿는 가치관을 볼 때, 뭔가 그 안에 오류가 숨어 있음을 느낀다. 원래의 것을 나쁘게 변화시키지 말라는 뜻이지 하던 대로 계속하면서 살라는 뜻은 아니다. 잘못된 혼용, 즉 섞어 씀으로 인해 오류가 발생한다. 대부분 변화를 하지 않으려는 사람들이 자주 끌어다 쓰는 이유와 변명일 뿐이다.

부패와 발효

올바른 변화는 자신은 물론 주변에도 좋은 영향력을 미친다. 결과가 좋으니 오래 살아남을 수밖에. 한때 기인으로 불리며 인기를 끌었던 소설가 이외수는 자신의 저서 『하악하악』에 이러한 내용을 남겼다.

"시간이 지나면 부패되는 음식이 있고 시간이 지나면 발효되는 음식이 있다. 인간도 마찬가지다. 시간이 지나면 부패되는 인간이 있고 시간이 지나면 발효되는 인간이 있다. 한국 사람들은 부패된 상태를 썩었다고 말하고 발효된 상태를 익었다고 말한다. 신중하라. 그대를 썩게 만드는 일도 그대의 선택에 달려 있고 그대를 익게 만드는 일도 그대의 선택에 달려 있다."

부패와 발효는 화학적인 현상만 보았을 때는 같은 현상이다. 다른 점이 있다면 그 작용을 일으키는 균의 종류와 그로 인해 나오는 부산물이다. 발효로 나오는 부산물은 보통 인간에게 유익한 성분들의 균이며, 부패로 나오는 부산물은 인간에게 유해한 성분들의 균이다. 같은 유기물도 균주와 조건만 다르게 갖추어 주면 부패가 될 수도 있고, 발효가 될 수도 있다. 예를 들면 우유를 자연 상태에 그냥 두면 부패가 되지만 특정 발효균주를 접종하고, 특정 조건에 두면 요구르트가 된다. 우리나라에는 유독 발효를 이용한 먹거리들이 많다. 김치, 청국장, 된장, 고추장, 막걸리 등이 그 대표적이다. 이들 역시 관리나 보관을 잘못하면 부패된다. 우리의 정서와 문화가 발효된 우수한 유산도 많이 있다. 그러나 도처에 산재한 부패도 엄청나다. 화학작용이란 건 똑같지만 하나는 인간에 유익하고 또 다른 하나는 백해무익이다. 인간도 마찬가지라는 것이다. 중요한 것은 부패 인간이든 발효 인간이든 본인의 선택에 달려 있다는 말이 한편으로 무섭게 다가오기도 한다.

J회사에서 새로운 사업을 추진하면서 이를 위한 팀이 결성되었고 각 파트의 전문가들이 입사하게 되었다. 신사업이란 서로의 힘을 합해 전력을 다해도 결과를 내기 힘든 작업일 수밖에 없다. 그런데 이 조직의 기본 단합에 문제가 생겼다. 이상하게도 이들은 기름과 물처럼 섞이지 않았고 분열이 잦았다. 엎친 데 덮친다고 여타 골치의 문제들까지 생기더니 결국 프로젝트는 무산되었다. 회사의 막중한 자본은 손실되었고 많은 이가 해고 아닌 해고를 당하는 아픔을 지켜보게 되었다. 일을 망친 건 여러 이유들

로 분석할 수 있었다. 기업이 해결할 수 없는 법적인 문제도 있었고 가장 크게 지적되었던 리더십의 문제 그리고 언급한 단합이 되지 않았던 팀워크 등이었다. 하지만 이 팀과 어느 한 부분을 함께하고 해체되는 과정에서 나는 보았다.

팀 분열이 발생하는 데 한 여직원의 불평이 상당 부분 차지했다. 그녀는 입사 때부터 사소한 일에도 불평을 늘어놓았다. 상사가 마음에 안 든다는 둥 리더십이 없다는 둥 여기저기 소문을 냈다. 급기야는 어디서 알아냈는지 누구의 급여는 얼마고 누구의 급여는 얼마라는 사실까지 여기저기 이야기하는 말들이 내 귀에 들려왔다. 그 탓에 그녀는 자신이 회사에서 불공평한 대우를 받고 있다고 생각하는 모양이었다. 더 놀라운 것은 그녀의 불평에 동조되는 직원들이 생기기 시작하더니 상당수가 그녀와 똑같은 행동을 하는 것이었다. 그렇게 분열은 심화되었다. 그리고 그대로 팀은 사라지고 말았다.

어느 회사든 크고 작은 불평은 있기 마련이다. 하지만 그녀의 태도는 올바르지 않았다. 이로 인해 주변도 더 빠르게 부패하고 만 것이다. 그 팀을 총괄하던 상사는 나에게 해고 직전에 이들을 위한 교육을 하라는 명을 내렸다. 이 상황에 말이다. 나 역시 그의 리더십에 경악하고 말았다. 하지만 나는 상사의 명을 따를 수밖에 없는 직원일 뿐이었다. 교육을 진행하면서 무척이나 힘들었던 기억을 아직도 잊을 수가 없다.

강한 나무는 태풍에 부러지지만, 휘어지는 갈대는 다시 일어선다. 변화에 부러지지 않으려면 애써 저항하지 말고 나도 함께 변하면 된다. 어쩌면 갈대처럼 허리를 굽혀야 할 수도 있다. 굽히면 좀 어떤가. 그것이 겸손이라면 더 좋을 게 없겠지만 이러한 모습은 상대에게 겸손한 사람으로 비쳐진다. 이는 결국 강해 보이는 사람으로 만들어 준다는 게 중요한 것이다. 큰 성공을 거두거나 누구에게도 지지 않을 실력을 가진 사람이 되기란 어렵다. 하지만 그런 인물로 보이는 것은 좀 다른 문제인 것이다. 세상에서 가장 힘든 것이 남을 바꾸는 것이다. 내가 먼저 변하면 된다. 이는 가장 빠른 방법이면서 불가능한 일도 가능하게 해 준다. 좋은 변화는 나뿐 아니라 주변에도 좋은 영향력을 행사한다. 이것이 길게 살아남는 것이요, 진짜 강한 것이다.

기업의 변화 역시 매우 중요하다. 경영의 승패는 변화에 있다고 해도 과언이 아니다. 시장은 매우 빠르게 변하고 있기 때문이다. 이 변화에 적응하지 못한다면 도태되고 말 것이다. 항상 새로운 사업과 변화를 대비해야 한다. 그렇게 되려면 조직은 변화하는 환경에 적응할 줄 알아야 한다. 바뀐 시장을 빠르게 인정할 수 있는 눈을 가져야 한다. 진화론의 창시자 찰스 다윈은 "**결국 살아남은 것은 강한 종도 아니고 지적 능력이 뛰어난 종도 아니다. 종국에 살아남은 것은 변화에 가장 잘 적응한 종이다**"라고 하였다.

SNS로 고객과 24시간 소통하라

산속의 작은 집과 고객을 이어주는 유일한 통로

'황토 온돌방에서 하루 묵어가고 싶어요. 지금 출발해도 되나요?'

자정이 넘은 시간에 온 문자였다. 얼른 엄마에게 정보를 알려주었다. 부모님은 오래전부터 전원생활을 하고 싶다며 도시생활을 모두 접고 산골로 들어가셨다. 시골도 아닌 산골로 말이다. 어머니는 유독 건강에 관심이 많으시다. 젊은 시절부터 줄곧 두통과 위장병으로 고생을 하셨기 때문이다. 한곳이 아프면 줄줄이 사탕처럼 여기저기 아프기 마련이다. 하루에 진통제를 적게는 3알에서 많게는 8알씩 복용을 하셔야 견딜 수 있었다고 했다. 전원생활 직전까지 그런 몸으로 사업을 하셨다. 어렸던 우리는 이런 어머니의 고충을 알지 못했다.

지금은 과거 어느 때보다 더 건강하시다. 도리어 젊은 나보다 더 건강하시다. 한 번씩 받는 종합검진 담당의사는 이 연세에 어떻게 이렇게 피가 맑을 수 있는지 의아해하신다. 지금은 '건강전도사'가 되어 버린 어머니께 그 비법을 알려 달라고 하는 의사들도 많아져 버렸다. 어머니는 고등교육도 제대로 받지 못한 분이다. 이런 엄마의 삶 때문에 주변에서 그리고 우리가 부르는 별명이다. 지금은 그 산골이 주변 친구며 알게 모르게 찾아온 사람들로 붐비는 부락이 형성되어 버렸다.

어머니는 우리가 늘 먹는 음식도 매우 중요하다 말씀하신다. 이 말이 맞는 말이라고 나는 믿는다. 아픈 손님들이 어머니가 사는 곳에 찾아와 함께 지내면서 건강을 되찾는 모습을 수도 없이 보았기 때문이다. 심하게는 사형선고를 받았던 분들도 계셨고, 각종 합병증으로 고생하던 분들도 계셨다. 심지어는 피부병으로 고통받는 어린아이도 있었다. 자연의 맑은 공기와 건강식 덕분이라고 생각한다. 적어도 와 있는 동안 스트레스는 잠시 잊었을 테니 더 빨리 치유되었을 것이다.

어머니가 이렇게 낯선 이에게 알려진 건 순전히 SNS 때문이다. 온라인 세계를 잘 안다거나 이용하는 것도 아니다. 그 흔한 문자조차 최근에서야 겨우 보내시는 중이다. 그렇다고 사람의 건강을 위한 어떤 일들을 상업적으로 운영하는 것은 더더욱 아니다. 그냥 교회 열심히 다니고 시골에 사는 평범한 주부일 뿐이다. 애써 찾아온 손님에게 냉정하게 굴지 못하는 성격 탓일 것이다. 손님이 와 봐야 특별할 것도 없다. 방 하나 내어주고 엄마가 먹는 음식을 함께 나눠 먹는 것뿐이다. 함께하면서 사람들은 엄마가 경험한 건강 이야기들을 나누는 것을 좋아하는 것 같았다.

산골에 이 집을 짓고 주말엔 가족들이 맛있는 음식을 만들어 먹으며 쉬어가곤 했었다. 그래서 이 집은 비워져 있는 시간이 더 많았다. 어릴 적엔 시골에 있는 또 다른 우리 집이라고만 생각했다. 어느 날, 그 집에 누군가 고시 공부를 하러 왔다. 나는 어렸기 때문에 그 사람이 어른 같아 보였다. 하지만 지금 생각해보면 이제 막 대학을 졸업한 풋내기 학생이었다. 그가 고시합격을 했는지는 잘 모르지만 좋은 기억으로 돌아갔었던 모양이다. 조용하니 공부가 잘 되었었다는 소식을 들었다며 다른 사람이 이어서 찾아왔다.

어느 여행가는 우연히 지나다 산골에 지어진 집을 보고 신기해했다. 산속이라 마냥 예뻐 보였을 것이다. 건축설계를 잘하시는 아버지가 여기저기 가꿔 놓은 조경 때문에 더 그렇게 보였을지도 모르겠다. 어쨌거나 그 여행가는 이곳저곳 사진을 찍었다. 그러고는 얼마 지나지 않아 사진을 보고 찾아왔다는 사람이 한둘씩 늘어나기 시작했다. 급기야는 큰 카메라를 들고 기자까지 찾아온 것이다. 지금의 내가 그렇듯 다녀갔던 사람들도 SNS에 자신의 경험을 올렸다. 그리고 자연스럽게 많은 이들이 정보를 나누게 된 것이다.

한 신문사의 인터뷰로 인해 엄마가 사는 곳이 어디인지 급속도로 알려지기 시작했다. 수많은 언론과 방송 관계자분들이 찾아오기 시작했다. 조용히 살고 싶었던 엄마의 의도와는 다른 현상이어서 수차례 거절하여도 소용없었던 모양이다. 그렇게 작년에도 촬영은 진행되어 버렸다. 엄마 말로는 나보다 더 어려 보이는 작가의 애교에 그냥 촬영을 허락할 수밖에 없었다고 했다. 어쨌거나 시골아줌마 핸드폰 속에 방방곡곡 방송 PD와 작가들 그리고 나름 이름 있는 분들의 정보가 담겨 있는 걸 보면 신기하다. 감사하게도 찾아온 모든 분들이 어머니가 불편하지 않도록 염려해 주는 매너 있는 분들이었다. 덕분에 엄마는 여전히 조용한 시골생활을 하고 계신다.

수년 전에 엄마에게 컴퓨터 사용법을 알려 준 적이 있다. 함께 연습하면서 별채에서 쉬어 갈 수 있다는 게시글을 몇 개 올렸었다. 글도 사진도 몇 장 없는 데다 오픈 후 관리 한 번 되지 않고 있는 계정이다. 그런데도 간간히 어떻게 알고 연락이 온다. 서두에 자정이 넘어 내게 보내온 낯선 이의 문자는 이 정보를 보고 온 것일 테다. 이게 지금의 SNS 위력이다. 들을 때뿐이겠지만 다음에 엄마를 만나면 세상과 소통할 수 있는 컴퓨터와 SNS를 알려 드려야겠다. 스스로 로그인도 하고 쉽게 정보에 접근할 수 있을 때까지 말이다.

마케팅의 완성은 고객과의 소통

세상이 변했다. 고객이 변했다는 뜻이다. 고객 또한 점차 세분화되고 있다. 상품과 제품을 판매하는 기업이나 마케팅을 고민하는 이들에게 있어 가장 중요한 미션은 고객과의 소통이다. 아무리 좋은 상품과 서비스 그리고 진정성을 갖췄다 해도 고객과 효과적인 소통이 이뤄지지 않는다면 아무런 소용이 없다.

최근에는 마케팅 커뮤니케이션 채널로 인터넷을 활용한 블로그, 카페, 페이스북, 인스타그램, 유튜브 등 각종 SNS의 채널들이 핵심으로 떠오르고 있다. 이는 우리나라뿐 아니라 전 세계적으로 일상 및 사회 전반에 걸쳐 중요한 요소로 자리 잡았다. 채널들의 계정 수는 이미 세계 인구를 가뿐히 넘긴 상황이다. 각 SNS 채널들은 상호 연동까지 가능해져 거대한 연합체의 모습을 띠고 있다. 유튜브에서 영상 클립을 자신의 페이스북으로 공유하고 이를 다시 인스타그램 등으로 재공유하는 것은 이미 익숙해져 버렸다. 더 나아가 포털 사이트의 기사 구독, 브랜드의 카탈로그 열람, 특정 주제에 대한 정보 획득의 모든 것들을 SNS라는 공간에서 해결할 수 있다. 이처럼 우리는 이미 다양한 활동을 SNS에서 하고 있으며 앞으로 더 많은 행동과 활동을 SNS에서 하게 될 것이다. 현재 국내를 비롯한 전 세계에는 웹사이트를 갖고 있지 않은 온라인 쇼핑몰까지 운영된 지 오래다. 이러한 현 시장을 볼 수 있어야 한다. 그래서 1장부터 SNS를 중요하게 다루었다. 이는 세분화된 고객층에게 호소할 수 있는 콘텐츠와 소통 방식을 갖고 있다는 큰 장점이 있다.

SNS는 현재 가장 효과적으로 고객과 소통할 수 있는 실시간 소통채널이다. **SNS에게는 시간의 한계라는 것이 없다.** 누구에게나 주어진 24시간이지만 좀 더 유익하고 특별하게 사용해야 한다. SNS가 당신 대신 계속 일하게 만들어라. 그대의 제품과 서비스가 어떤 채널과 잘 맞는지 고민해 보고 집중해야 한다. 양질의 콘텐츠를 바탕으로 잘 가꾸어진 그대의 SNS는 24시간 자동으로 돌아가는 수익화 시스템이 되어 줄 것이다. 현 시장에서는 결국엔 당신이 가장 좋은 상품임을 기억하라.

불만고객이 회사의 성장을 만든다

고객의 불만은 가족의 잔소리와 같다

사랑의 반대말은 미움이 아니라 무관심이다. 한 번쯤 짝사랑을 해 본 경험이 있을 것이다. 다른 사람의 짝사랑은 낭만적으로 보인다. 하지만 내가 직접 겪어 보니 참 슬프고 아팠다. 연예인들이 악플에 시달린다지만 무명 연예인들은 악플이라도 감사하다는 표현을 한다. 무관심을 견디지 못해 자살로 이어지기도 한다. 사춘기 시절 오래도록 그리워했지만 짝사랑으로 그친 것만으로 감사할 노릇이다.

유난히 나에 대한 관심이 높은 집단이 있다. 어디일까? 맞다. 가족이다. 남들은 다 좋은 말만 해주는데 가족은 그렇지가 않다. 지나치다 싶을 정도로 가리지 않고 일러주어 마음 상할 때가 있다. 왜일까? 관심이 많기 때문이다. 그만큼 애착이 있기 때문에 불평도 하고 듣기 싫은 말도 편하게 해 주는 것이다. 남들이 나에게 좋은 말만 해 준다는 것은 그만큼 관심이 없기 때문이다. 옛말에 미운 아이 떡 하나 더 준다 하지 않는가. 그래서 세상에서 가장 무서운 것이 무관심인 것이다.

고객 불만 없이는 기업 발전도 없다

인류의 발전도 불평에서 시작되었다. 해가 지면 깜깜해 아무것도 할 수 없으니 밤에도 환하면 좋겠다는 생각에 에디슨은 전구를 발명했다. 하늘을 날고 싶은데 우리는 날개가 없다. 그래서 라이트형제는 비행기를 만들었다. 쭈그려 앉아 방망이로 얼음을 깨며 빨래하는 아낙네들의 불평에 못 이겨 세탁기라는 제품이 만들어진 것이다. 이처럼 세상에 불평이 없었다면 발전도 없었을 것이다.

개인도 마찬가지다. 누구나 성공을 꿈꾼다. 혼자라면 원시인처럼 살아도 아무 문제가 안 되겠지만, 타인과 함께 살아가다 보니 비교도 되고 자신의 부족함을 깨닫는다. 부족함을 채우기 위해 이를 악물고 성장해 나간다. 사소하지만 베스트셀러라고 하면 나 역시 덩달아 무조건 구매부터 하고 본다. 좋아서가 아니라 남들이 다 읽었다고 생각하면 나도 읽어야 할 것 같은 생각에서다. 그러다 보니 책만 보면 졸던 나조차도 주변 친구들보다 조금, 아주 조금 더 독서를 하고 있는 모습을 발견한다. 자신의 부족함을 느끼지 못하면 성공은 불가능한 것이다.

기업의 발전도 인류와 개인이 성장하는 과정과 별반 다를 게 하나 없다. 불만고객 처리 하나로 세계인의 사랑을 받은 기업이 있다. 바로 미국 고급 백화점 체인 노드스트롬이다. 어느 날 나이가 지긋한 고객이 타이어를 들고 와 환불을 요구하였다. 환불 규정에 따라 영수증을 요구하였으나 고객은 영수증을 잃어버렸다고 한다. 그런데 직원은 한 치의 망설임도 없이 타이어 가격을 고객에게 묻고는 고객이 말한 타이어 가격을 고스란히 환불해 주었다. 영수증 없이도 친절하게 환불을 해 준 것도 대단하지만 사실 노드스트롬 백화점에서는 타이어를 취급하지 않았다는 점이 더 놀랍다. 판매하지도 않은 제품을 환불해 주었던 것이다. 이 이야기가 순식간에 세계적으로 퍼졌다.

과거 내가 근무했던 J회사에서도 이와 같은 사례들이 빈번했었다. 우리 회사에서 구매하지도 않은 의약품에 대해 교환이나 반품을 요청해 와 골치가 아팠다. 하지만 감히 어느 누구도 노드스트롬 백화점처럼 처리하지는 못했다. 경영의 목적은 이익에 있으니 이 같은 경영마인드가 없다고 문제 삼을 수도 없었다.

사실 이미 우리나라 기업가도 1990년대에 불평하는 고객이야말로 정말 고마운 분들이라는 인식을 갖게 되었다. 불평하는 고객도 다양하지만 앞뒤 가리지 않고 들이대는 불평을 서둘러 처리하면서 회사의 문제점을 발견하고 더 나은 서비스를 빠르게 구축하게 된다. 말없이 떠나는 고객에 비하면 이 얼마나 감사한 일인가. 순간의 당혹스러움은 있겠지만 문제를 해결하고 나면 소리지르며 불평하던 고객이 고맙게 느껴질 것이다. 다양한 불만고객의 일들을 겪고 보면서 고객의 쓴소리는 '통증'과도 같다는 걸 알게 되었다. 난치병인 암(癌)이 두려운 이유는 자각 증상이 없기 때문이다. 불만을 터뜨리는 고객은 우리 회사의 부족한 점이 암으로 발전하지 않도록 조기 경보를 울려 주는 고마운 존재인 것이다.

고객의 불만에 귀 기울여야 하는 이유

'불만고객응대법' 교육시간에 두 가지 교훈은 꼭 나눈다.

한 가지는 **불만고객의 중요성**이다. 불만고객은 서둘러 잘 해결해야 하는 이유가 있다. 미국 와튼스쿨에서 조사한 바에 의하면 100명의 불만고객 중 직접 그 기업에 항의하는 고객은 6%에 불과하지만 이를 가족이나 친구 동료에게 적극적으로 알리는 고객은 무려 31%에 달한다고 한다. 여기서 더 중요한 것은 사람은 부정적인 것에 더 관심을 보이는 심리가 작동하므로 실상은 이보다 더 큰 수치로 변할 수 있다는 점이다. 이 말에 의하면 불만고객은 차라리 개선하고 불만을 해소시킬 액션이라도 취할 수 있으니 그나마 다행이다. 불만인지 아닌지도 모를 94%의 고객이야말로 정말 언제 떠날지 모를, 나쁜 구전효과를 지니고 있는 무서운 고객인 것이다. 따라서 불만고객의 소리를 잘 듣고 해결하는 신속성이 매우 중요하다.

다른 한 가지는 **미리 예방하는 자세**이다. 이를 위해 하인리히법칙을 적용하여 교훈을 나눈다. 하인리히법칙이란, 대형사고가 발생하기 전에는 그와 관련된 수많은 경미한 사고와 징후들이 반드시 존재한다는 내용이다. 하인리히의 법칙의 유래 시기는 1931년으로 거슬러 올라간다. 미국의 보험회사 직원이었던 하인리히가 산업재해 사례를 분석하면서 별견하였다. 대형 사고가 한 건 터지기 전 경미한 사고가 29회 발생하고, 이런 경미한 사고 발생 이전에는 같은 원인에서 비롯되는 사소한 징후가 300회 나타난다는 것이다. 그래서 하인리히 법칙을 '1:29:300 법칙'이라고도 부른다.

우리나라에서도 이러한 하인리히법칙을 무시하다 여러 차례 참사를 겪었다. 온 국민의 가슴을 아프게 했던 2014년 세월호 사건은 화물을 부리다 10도 넘게 기운 적이 있었다. 심지어 사고 직전에는 전원 접속의 이상을 발견했었다. 1995년 삼풍백화점 붕괴 사고도 마찬가지였다. 애당초 4층까지만 설계된 건물에 무리하게 5층으로 확장공사가 이뤄진 데다 건물 천정에 균열에 생기고 심지어 모래가 떨어지기도 했었다. 올해도 어김없이 용산의 4층짜리 건물이 무너져 내렸다. 사고 전 여러 번 붕괴 우려가 있다는 민원이 들어왔지만 별다른 조치가 없었다며 세입자들이 분통을 터뜨리는 기사와 뉴스를 보았다. 하나같이 하인리히법칙을 무시하다 벌어진 참사였다.

이 법칙은 산업재해뿐 아니라 각종 사고나 재난 등 비즈니스와 삶에서도 폭넓게 적용된다. 이 법칙의 교훈은 작은 사고가 났을 때 미리 예방조치만 제대로 한다면 큰 사고와 피해를 막을 수 있다는 것이다. 소소하게라도 불만을 이야기하는 고객의 소리에 귀 기울여야 하는 이유가 여기에 있다. 떠나는 직원을 아쉬워하는 경우를 수차례 보았다. 역시 사직서를 내기 전 직원에 대한 배려의 눈만 있었더라도 아쉬운 이별은 없었을 것들이었다.

소득과 삶의 질이 높아지면서 원하는 제품과 서비스에 대한 고객의 요구와 기대는 날로 커지고 있다. 한 번 높아진 기대는 결코 낮아지지 않는다. 세계 기업의 평균 수명은 단 13년이라는 말이 있다. 30년이 지나면 80%의 기업이 사라진다고 한다. 한국의 경우도 마찬가지다. 1955년 100대 기업 중 현재 100대 기업에 남아 있는 기업은 7개에 불과하다. 이처럼 치열한 경쟁 속에서 오래 살아남기 위해서는 고객의 소리를 잘 들어야 한다. 더 큰 문제가 일어나지 않도록 소소할지라도 고객의 이야기에 귀 기울여야 한다. 불만고객을 통해 그대가 미처 발견하지 못한 문제를 발견할 수 있어야 한다. 불만고객이 회사의 성장을 돕고 있다는 사실을 기억해야 한다.

불만고객에는 원칙을 가지고 응하라

불만고객응대 5원칙

J회사에서 근무하던 어느 날이었다. 한 고객이 온라인상의 포인트 지급 처리를 돕던 직원의 말을 트집 잡으며 회사를 한바탕 뒤집어 놓았다. 분을 이기지 못한 고객은 거래를 중단하겠다며 소리를 질러댔다. 급기야 담당직원의 부서장과 사장이 그 거래처에 직접 방문하여 사죄하고 상황을 종료시켰다. 이 정도라면 직원이 엄청난 잘못을 했을 것 같다. 사건의 내막을 들여다보니 고객을 이토록 화나게 한 것은 "죄송합니다. 바빠서 처리가 늦었습니다"라는 직원의 한마디로 시작되었다. 이에 고객은 "바빠? 너만 바쁘냐? 어떻게 J회사가 이럴 수 있지?"라며 화는 더 거세지고 말았다. 사실 데이터 오류가 있어 처리가 늦어진 것은 사실이었

다. 잘했다는 게 아니라 평소라면 아무 문제가 되지 않았을 응대였다.

과거 한 기사를 통해 어느 고객센터 직원이 불만고객 전화응대 중 뇌출혈로 쓰러졌다는 기사를 보았다. 이 경우 업무상 재해로 해당한다는 판결이 보도되기도 했다. 감정노동자들의 고충을 단편적으로 보여 주는 듯하다. 이 같은 일의 예방은 이를 운영하는 기업에게는 큰 과제가 아닐 수 없다. 위 사례를 겪으며 문제의 중심에 있었던 J회사 동료는 얼마나 마음을 졸이며 힘들었을까 싶다.

어쨌거나 이 탓에 나 역시 이리저리 불려 다니며 서둘러 직원교육을 진행하게 되었다. '전화응대'와 '불만고객응대'가 주제였다. 사례 속의 문제는 무엇이었을까? 한 고객의 거래가 끊어진다고 해서 회사에 엄청난 타격을 주지는 않는다. 그런데 왜 부서장과 사장까지 그 거래처를 방문해 사죄를 드린 것일까? 앞장에서 다룬 불만고객이 가져다주는 여러 효과들 때문이다. 평소에는 아무렇지도 않았을 말이 심기가 불편해진 고객에게는 문제가 될 수 있다는 사실을 기억해야 한다. 몰라서 억울한 일이 생기지 않도록 불만고객응대 스킬쯤은 잘 알고 있어야 한다. 아래는 우리가 꼭 기억해야 할 **불만고객을 응대하는 기본 5대 원칙**이다.

(1) 피뢰침의 원칙, 그대는 조직의 피뢰침이다!

고객이 화를 낸다고 덩달아 자신도 화를 내는 경우가 있다. 고객은 나에게 화를 내는 것이 아니라 회사나 복잡한 규정과 제도에 대해 항의하는 것이다. 이를 명확히 알아야 자신의 감정조절이 수월해진다. 나를 조직의 피뢰침으로 생각해야 고객의 심한 분노의 표현으로부터 자유로울 수 있다. 건물이나 자동차에 딸린 피뢰침은 번개를 직접 맞지만 자신은 물론 건물이나 자동차까지도 아무런 상처 없이 번개를 흘려보낸다. 불만고객을 상대할 때 피뢰침과 같이 고객의 불만을 자신의 감정과 섞지 말고 회사와 규율에 반영하여 더 좋게 개선해 나갈 수 있도록 해야 한다.

(2) 책임 공감의 원칙, 동료의 책임도 함께 나누어라!

고객의 비난과 불만이 나를 향한 것이 아니라고 해서 내 책임이 전혀 없다는 말은 아니다. 고객은 누가 담당자인지 중요하지 않다. 자신의 문제를 해결해 주는 것이 중요하다. 불만을 이야기하는데 담당자가 없다는 이유로 방관한다면 고객의 불만은 더 높아진다. 조직 구성원으로서 내가 한 행동의 결과이든 다른 사람의 일 처리 결과이든 고객의 불만족에 대한 책임을 같이 져야 한다. 그대 스스로 친절하게 도움을 주어 동료에게 신임을 얻도록 하라. 이 같은 일이 당신에게 일어나지 말라는 법은 없다. 도움을 받았던 동료는 그대가 곤란한 상황을 겪게 되었을 때 반드시 기꺼이 돕게 돼 있다.

(3) 감정통제의 원칙, 최후의 승리자가 되어라!

사람은 감정의 동물이다. 그래서 고객과의 응대 도중 나도 모르게 감정을 드러낼 때가 있다. 순간의 감정조절 실패로 인해 돌이킬 수 없는 큰 실수를 범하는 일이 없도록 해야 한다. 사람을 만나고 의사소통을 해야 하는 직업이라면 자신의 감정까지도 통제할 수 있는 프로가 되어야 한다. 옛말에 '맞은 놈은 발 뻗고 자도 때린 놈은 오그리고 잔다'고 했다. 한 가지 분명한 것은 화내는 사람도 스트레스를 받는다는 것이다. 자신의 감정을 잘 통제하는 사람이 최후의 승리자이다.

(4) 언어절제의 원칙, 되도록 많이 들어주어라!

고객 상담에 있어서 말을 많이 하는 것은 금기다. 말을 많이 한다고 해서 고객에게 내용이 잘 전달되는 것은 아니다. 세계적으로 유명한 정신과 의사들이나 대화의 신이라 평가받는 이들의 공통된 말은 "나는 상대가 하는 말을 진심으로 들어준 것밖에 없다"는 것이다. 다른 사람의 말을 많이 들어주는 사람들이 인간관계가 좋은 이유가 이 때문이다. 우리는 보통 스트레스를 말로 표현함으로써 풀릴 때가 있다. 이와 같은 원리이다. 고객으로 하여금 마음을 풀어낼 수 있도록 기회를 주어라. 그렇다고 무조건 듣기만 하라는 것은 아니다. 경청이 필요하다. 효과적인 경청을 위해 '처음 만난 사람도 끌리게 하는 표현의 달인이 되어라'에서 소개한 1, 2, 3화법을 기억하고 활용하길 바란다.

(5) 역지사지의 원칙, 내 일이라고 생각하라!

고객을 이해하기 위해서는 반드시 고객 입장에서 문제를 바라봐야 한다. 고객은 우리의 규정을 보지도 못했거니와 업무가 처리되는 절차에는 더더욱 관심이 없다. 그런데 우리는 고객이 마치 우리의 업무 프로세스나 규정들을 모두 알고 있다는 듯이 상담하는 오류를 범하고 있다. 이런 태도는 고객의 더 큰 불만을 가져온다. 직원들이 전문용어를 사용하거나, '안 됩니다'라고 딱 잘라 말하는 경우 등이 모두 여기에서 기인한다. 고객은 스스로가 정당하다고 믿는 습성이 있어 자신의 실수를 인정하지 않으려 한다. 불만고객의 특성을 잘 인지하여야 한다. 끝까지 고객이 정확하게 이해하고 있는지를 다시 한 번 물어보고 확인시켜 주는 습관을 길러라.

결국 불만고객응대 5가지 원칙의 핵심은 '나는 사람을 만나고 있다'는 사실을 시종일관 잊지 말자는 것이다.

불만고객응대 화법 2원칙

3장에서 미처 다루지 못했던 **불만고객응대에 효과적인 화법** 두 가지를 안내하고자 한다.

(1) 부메랑 화법

부메랑은 던지면 다시 되돌아오는 기구이다. 이를 화법에 응용시킨 것이다. 즉, 고객이 자꾸 변명과 트집을 잡을 때, 그 트집이 바로 나의 장점(특징)이라고 주장하여 결국 좋게 돌아오게 하는 것이다. 예를 들어 "조건이 왜 까다로운가"라고 할 때 "조건이 까다로운 것이 바로 우리 회사의 장점이다"라며 거절요인을 구매요인으로 전환시키는 것이다. 이를 좀 더 완곡하게 표현한다면 "조건이 까다로운 것이, 그만큼 신뢰를 주는 것이므로 바로 우리 회사의 장점입니다"라고 말할 수 있겠다. 다음 고객의 불만에 부메랑 화법으로 답해 보라.

> **고객**: 디자인이 너무 투박한 게 아닌가요?
> **직원**:

나는 이렇게 답해 보았다.

"디자인이 투박한 것이, 고전적 이미지와 안정감을 주기 때문에 이 작품의 특징입니다."

(2) 너-메시지(You-message), 나-메시지(I-message) 화법

심리학자 토마스 고든(Thomas Gordon)에 의해 창시된 화법으로 상대방의 감정을 건드리지 않으면서 내가 이야기하고자 하는 내용을 잘 전달하는 기술이다. 우리는 보통 어떤 문제에 직시했을 때 너-메시지를 사용한다. 예를 들어 "너 때문에 시끄럽잖아", "자네는 왜 만날 일을 멋대로 처리하나?" 등과 같이 말이다. 일반적인 관계에서도 이 같은 대화는 갈등으로 이어지거나 한쪽이 마음 상하기 마련이다. 이때 주어를 너(You)가 아닌 나(I)로 바꿔 사용하는 것이다. "음악소리가 커서, 내가 대화하기가 어렵구나", "중간에 보고해 주지 않으니, 내가 곤란하네" 식으로 말이다. 나-메시지는 다음과 같은 순서를 활용하면 효과적으로 사용할 수 있다.

행동 관찰 → 행동 결과 → 나의 감정 → 부탁

아래의 표를 보면 더 이해가 쉬울 것이다.

너-메시지 (You-message)		나-메시지 (I-message)
"자네는 왜 말도 없이 멋대로 일을 처리하는 건가?"	문제 행동	"자네가 일을 하면서 중간중간에 보고해 주지 않으면"
	행동 결과	"진척 상황을 파악하지 못해서"
	감정 표현	"내가 곤란할 때가 많네."

너-메시지는 추궁이나 비난으로 들린다. 그래서 행동의 개선보다 부정적인 감정을 유발시킨다. 나-메시지를 활용하면 상대 행동에 대한 내 생각이나 감정을 잘 표현하여 자연스럽게 따라오도록 할 수 있다. 더욱이 평소보다 감정적이고 불쾌지수가 높은

상태의 불만고객에게는 더할 나위 없이 좋은 의사소통 방법이다. 일반적인 대화에서도 놀라운 효과가 있는 화법으로 인정되고 있어 평소 습관화시킨다면 대인관계에 많은 도움이 될 것이다. 자, 그렇다면 위에서 잠깐 언급되었던 다른 예시 "너 때문에 시끄럽잖아"를 나-메시지로 바꿔 보라. 상황은 아이가 크게 음악을 틀어놓아 그대의 하는 일에 방해가 된 경우다.

너-메시지 (You-message)		나-메시지 (I-message)
"너 때문에 시끄럽잖아."	문제 행동	
	행동 결과	
	감정 표현	

어디서나 문제는 있기 마련이다. 다만 이를 어떻게 효과적으로 잘 해결하는가가 중요하다. 불만고객도 만날 수 있다. 고객이 틀렸다 혹은 내가 옳았다는 것을 증명하려 애쓰지 마라. 이러한 모습은 오히려 고객을 가르치려 드는 모습으로 비춰져 고객을 더 화나게 만드는 결과만 초래한다. 문제해결에 임하는 자세가 중요한 것이다. 함께 나눈 기본 원칙 안에서 자신도 지켜내고, 적절한 화법을 통해 불만고객이 충성고객으로 변하게 되는 기회를 얻기 바란다. 충성고객은 보통 불만고객에서 시작되는 경우가 허다하다는 사실을 기억하자.